AF603036

CODE DU DROIT INTERNATIONAL.

PRÉCIS

D'UN

CODE DU DROIT INTERNATIONAL

PAR

ALPHONSE DE DOMIN-PETRUSHEVECZ,

DOCTEUR EN DROIT EMPLOYÉ A LA COUR I. R. DE PREMIÈRE INSTANCE
A VIENNE ETC.

ÉDITION ORIGINALE.

LEIPZIG:
F. A. BROCKHAUS.
1861.

AVANT-PROPOS.

En publiant ce précis d'un code du droit international je crois avant toute autre chose devoir rendre compte ici des principes et des maximes que j'ai suivis pendant sa rédaction, pourqu'on ne le mette pas à côté de ces projets utopiques par lesquels des tendances philanthropiques ou des imaginations échauffées ont cru pouvoir rendre heureux le monde.

D'abord, il est clair qu'on ne peut pas parler d'un tel code réglant le commerce des états par force de loi, parce que, pour un tel effet, il lui manquerait en tout temps la sanction législative et suprême sans laquelle il ne peut être pensé, mais qui ne peut être donnée que dans l'intérieur des états et non pas pour leur commerce extérieur, c.-à-d. pour les relations d'individus libres qui ne sont sujets à aucune autre puissance plus forte qu'eux-mêmes.

Un tel code ne pourra donc jamais prétendre qu'à une validité conventionnelle basée sur un libre accord des états, et ce n'est qu'en cas que les gouvernements contractants qui en sont convenus entre eux voudraient le publier dans leurs territoires respectifs comme norme à observer qu'il puisse avoir force de loi pour les sujets d'un tel état.

C'est donc la question de savoir si la réception conventionnelle d'un tel code de la part de plusieurs états est possible en soi-même ou non, et dans le premier cas par quels moyens elle peut être amenée.

A cet égard et en considération des nombreuses conventions conclues entre presque tous les états sur les questions les plus différentes du droit des gens qui entre eux ont une ressemblance, même une égalité souvent surprenante, la possibilité d'un tel accord des puissances sur certaines parties du droit international ne me semble pas être douteuse.

Mais, quelles sont ces parties et sous quelles modifications cet accord peut-il être atteint? C'est ce qu'il faut savoir.

Voyons l'histoire.

Le progrès, le développement du droit consistait toujours en cela qu'il aspira à se généraliser en s'attachant toutefois aux formes différentes de la vie publique.

Ainsi, les lois fondamentales fragmentaires et imparfaites de la *petite ville de Rome*, échangeant leurs particularités pour les principes plus communs du «jus gentium», complétées et élargies par les édits prétoriens devinrent à la fin le droit civil *de l'orbe Romain;* ainsi après que les orages de la migration avaient emporté aussi l'unité du droit, et qu'on recommençait encore à fixer le droit par écrit, les statuts des villes furent recueillis en lois de province, le besoin de l'unité en droit menait à la réception du chef d'oeuvre de la jurisprudence classique, et lorsqu'on ne le croyait plus ni compatible avec les institutions modernes, ni analogue au développement du droit national, les états commencèrent dès la fin du siècle passé à rédiger ces codes civiles dont plusieurs ont atteint avec toute raison une renommée aussi distinguée.

Mais les lois *nationales* ne suffisaient pas aux relations *internationales* qui, surtout depuis leur développement gigantesque en nos jours demandaient des normes régulatives avec une force toujours plus pressante.

Les doctrines des publicistes qui depuis longtemps avaient commencé à se faire valoir de plus en plus, furent peu à peu reconnues formellement par quelques gouvernements qui se résolurent à les déclarer plus ou moins complétement comme les principes selon lesquels ils voulaient régler leur conduite vis-à-vis des états et surtout vis-à-vis des sujets étrangers, enfin on arriva à conclure des traités exprès concernant l'exécution réciproque des principes réglant les relations internationales entre deux ou plusieurs états.

Aux temps de Justinien, lorsqu'il régnait lui seul sur presque tous les peuples de la terre connue, c'était aussi lui seul duquel pouvait émaner l'unité du droit dans la forme de *loi d'état* et qui pouvait la sanctionner; en nos temps de pairie de plusieurs états c'est le vêtement *de convention d'état* sous lequel correspondant à l'esprit du siècle l'unité du droit se doit représenter.

Mais de ce développement naturel il faut bien distinguer les projets des Henri IV, des Sully, des Abbé de St. Pierre, des Kant, des Rousseau et de tous ceux qui plus ou moins ardemment ont embrassé leurs principes.

Ils se proposaient tous la paix perpétuelle comme leur but suprême et croyaient pouvoir l'atteindre par une distribution des territoires fondée sur l'idée de l'équilibre politique, — idée vague en soi-même et appartenant plutôt au rayon de la politique qu'à celui du strict droit, — et par un sénat formé de commissaires de tous les gouvernements et destiné à la décision de tous les différends internationaux et en conséquence mis au dessus de tous les états.

C'est là le point auquel devaient s'écrouler inévitablement tous ces projets.

Car même si nous faisons abstraction des difficultés ou plutôt de l'impossibilité d'une distribution soit temporelle soit durable des territoires d'état selon le principe d'une égalité parfaite, ce sénat lui-même appelé à la décision de toutes les questions d'état et de politique en litige, ainsi que l'idée de la paix perpétuelle sont des projets chimériques, fantasques et romanesques parce qu'il y aura aussi entre des états égaux des différends d'opinion, parce que l'état ou les états qui se croiront opprimés de par la majorité des autres feront au moins la tentative d'une résistance et parce que le moyen et la force à employer pour réduire l'état dissident à l'obéissance constitueraient lui-même un état de guerre qu'on ne peut donc éviter en aucune manière.

Mais si ces idées, si ces utopies de quelques philosophes et de quelques rêveurs ne peuvent être réalisées, il ne faut pas négliger pour cela ce qu'il est possible d'atteindre et ce qui plus ou moins est déjà atteint par l'aveu tacite ou exprès de presque tous les états.

La difficulté la plus grande pour un entendement commun c'est la fausse extension qu'on donne d'ordinaire à l'idée du droit des gens lui-même.

La science du droit international participe ici du sort de toutes les jeunes sciences: on n'est pas encore d'accord sur ce qui appartient à son domaine et sur ce qui en doit être exclu. Il y faut ajouter encore qu'il n'y a presque aucune branche des études juridiques et politiques qui ait demandé une telle quantité d'études préliminaires que le droit international.

Or, les publicistes en considérant le besoin de leurs lecteurs et en voulant les satisfaire ont de tout temps mêlé quantité de fragments d'autres disciplines à leurs écrits qui auraient dû être sacrés exclusivement au droit des gens dont ils portaient le nom à la tête.

Les principales de ces disciplines étaient et sont encore le droit naturel, le droit d'état et la politique. Or, le droit naturel et le droit d'état étant des sciences déjà plus consolidées, il n'est pas trop difficile de distinguer ce qui appartient à leur domaine, mais la politique pas encore élevée à la dignité d'une science concrète et s'immisçant toujours plus dans les matières du droit international n'est pas aussi facilement à en séparer.

Pourtant ils se distinguent l'un de l'autre aussi essentiellement que le droit civil et les lois administratives dans l'intérieur des états, et pendant que le droit international doit nous exposer les maximes du droit selon lesquels les états doivent régler leurs relations mutuelles, la politique n'est qu'une doctrine de sagesse, qui semblable à la police de l'état, nous enseigne les moyens à employer pour éviter des maux futurs, pour conserver les biens actuels, pour en acquérir de nouveaux.

C'est cette distinction essentielle sur laquelle est fondée la possibilité d'un concert final des états sur la réception conventionnelle d'un code commun du droit international, sur laquelle j'ai essayé moi aussi à baser ce précis d'un tel code.

La politique extérieure des états est liée trop près aux relations actuelles, le point de vue duquel elle considère les choses est trop divers selon la puissance et le développement, selon l'administration et la constitution des états pour qu'on puisse jamais espérer une unanimité à son égard. Même elle doit nécessairement être différente, elle ne peut être la même sans renoncer à l'individualité des états particuliers c.-à-d. sans anéantir leur existence distincte. Mais au dessus de cette séparation, au dessus de ces individualités c'est le droit réconciliant qui s'élève pour amener l'harmonie dans les relations des divers états ainsi que la musique nous enseigne l'harmonie dans l'empire de sons dissonants.

Il n'y a que peu de parties du droit international proprement dit sur lesquelles n'auraient été conclues de nombreuses conventions entre les divers états. Or, en considérant et en comparant ces conventions, on trouve à la satisfaction la plus grande non seulement qu'elles contiennent des principes le plus souvent uniformes, ces principes sont souvent exprimés aussi par des termes absolument conformes. Ce n'est qu'en quelques parties du droit maritime où l'on peut encore distinguer une diversité frappante d'opinions, causée par la distribution inégale des forces et par la prépondérance actuelle de quelques états en résultante, mais même quant à ces parties les gouvernements commencent à s'entendre de plus en plus en se faisant des concessions réciproques.

Et le moyen de réaliser une uniformité encore plus grande et le moyen d'effectuer la réception d'un code commun du droit des gens, c'est une commission internationale qui, en faisant abstraction des questions de la haute politique, telles que l'intervention ou la non-intervention, l'équilibre politique etc., devrait compiler des écrits et des conventions innombrables ce que par l'aveu presque unanime des auteurs et des gouvernements on peut considérer réellement comme droit international commun; qui devrait tâcher de réunir par des concessions réciproques les différends d'opinion encore existants; qui devrait enfin rédiger le tout dans la forme d'un code universel et articulé que tous les états adopteraient conventionnellement et promulgueraient dans leurs territoires respectifs.

C'est donc un essai, c'est un précis d'un tel code que j'avais en vue pendant la rédaction de cet ouvrage.

Pour arriver à ce but, il me fallait avant tout comparer de la manière la plus minutieuse les conventions d'état déjà conclues et les opinions des jurisconsultes et des publicistes en cas que sur certaines matières les traités se tussent ou qu'ils se contrariassent les uns aux autres.

Quant aux conventions ce n'étaient pas les traités de paix célèbres dans l'histoire et dans la diplomatie lesquelles il fallait prendre en considération avant toutes les autres, non pas. De tels traités, en réglant pour quelque temps les relations territoriales des états et en décidant leurs différends à la faveur de l'un ou de l'autre et d'ordinaire du plus fort, me semblent occuper vis-à-vis du droit international à peu près la même position que les conventions et les traités de personnes privées vis-à-vis de la législation juridique de l'état dont elles sont sujets. Ils ne font point partie du droit international qui au contraire ne nous enseigne que les principes de leur validité et de leur interprétation, ils font partie de l'histoire universelle.

Ainsi p. e., si l'on dit: les traités de 1815 font partie du droit des gens, ou le droit international de l'Europe est fondé sur ces conventions et sur l'acte du congrès de Vienne en particulier, ce n'est vrai qu'en un sens bien limité et par rapport à quelque peu de parties de cet acte, en tout c'est une phrase usitée.

Il est vrai que ces traités sont valables, qu'ils sont obligatoires pour les contractants, mais seulement selon la règle générale «contractus jus facit inter partes» et non pas parce qu'ils font partie du droit international.

Par rapport à ce droit, ainsi que par rapport au droit intérieur des états, il faut bien distinguer entre les principes dirigeants et les relations à juger selon ces principes.

Que ceux-ci ne sont pas aussi strictement exprimés dans le droit international, qu'ils n'y sont pas aussi généralement reconnus que les lois d'un état, et qu'ils sont exécutés en force de conventions au lieu de l'être par l'acte de législation, tout cela ne détruit pas cette différence essentielle.

Ce n'étaient donc point les traités désignés ci-dessus sur lesquels je croyais devoir m'appuyer pendant mon travail, mais ceux-là dans lesquels deux ou plusieurs gouvernements exprimaient leurs opinions communes sur les principes du droit international et par lesquels ils se promettaient réciproquement de faire exécuter ces principes d'une manière uniforme.

Ainsi les traités qui me paraissaient de la plus grande importance c'étaient pour le droit international en temps de paix les nombreux traités de commerce et de navigation, les réglements pour la libre navigation des rivières du 24 mars 1815 et les réglements spéciaux concernant le même sujet qui les suivirent, les diverses conventions pour la suppression de la traite des noirs, le réglement sur le rang des agents diplomatiques du 19 mars 1815 et le procès-verbal des conférences d'Aix-la-Chapelle du 9 novembre 1818 concernant le rang des ministres résidents etc.; pour le droit international en temps de guerre les différentes conventions concernant la neutralité armée, le traité entre les États-Unis de l'Amérique et la

Prusse de 1785, la déclaration sur les droits des neutres du 16 avril 1856 etc.

Pour le droit international privé étaient d'importance les lois et les conventions concernant le traitement des étrangers, les conventions sur l'abolition des droits d'aubaine, de détraction et d'émigration ainsi que sur les successions des étrangers comparées avec les lois respectives existantes dans l'intérieur des états, enfin les nombreux cartels.

A la comparaison de toutes ces lois et conventions je croyais mon premier devoir avoir égard aux opinions concernant le droit et aux usages actuels; souvent lorsque je trouvais un principe sanctionné par l'accord unanime de plusieurs états je prenais soin de le rendre dans le code presque mot à mot tel qu'il était exprimé le plus souvent.

Seulement dans les articles concernant le droit maritime, partie la plus litigieuse du droit international il me semblait nécessaire de poser des principes plus conformes aux demandes d'une science impartiale même vis-à-vis de la déclaration du 16 avril 1856.

Ainsi des quatre principes posés par cette déclaration je n'ai gardé que le premier (Art. CXLVII) qui en rapport avec les autres articles et surtout avec le principe de la liberté de la propriété privée aussi par mer (Art. CXX) reçoit ici sa vraie importance.

Les articles concernant la contrebande de guerre et le blocus (CXXXIII et CXL) furent formulés selon les termes plus stricts de la neutralité armée, enfin au lieu du second et du troisième principe de la déclaration surnommée j'osais poser d'autres maximes plus correspondantes au désir d'une assimilation des règles de la guerre à observer sur terre et sur mer et plus analogues aux opinions des publicistes modernes.

Là où les traités ne me fournissaient pas de matière je croyais pouvoir regarder comme décidante l'opinion uniforme de tous les publicistes ou au moins de leur majorité et pouvoir remplir de cette manière les lacunes de mon ouvrage selon les paroles de Grotius: «Ubi multi diversis temporibus ac locis idem pro certo affirmant, id ad causam universalem referri debeat, quae in nostris quaestionibus alia esse non potest quam aut recta illatio ex naturae principiis procedens, aut communis aliquis consensus.» (De jure belli et pacis. Prol.) Telles sont les vues et les principes que j'ai suivis en écrivant ce livre.

Il me reste encore de dire quelques mots du système selon lequel j'ai distribué la matière. A cet égard il me semblait nécessaire de m'éloigner en quelque manière du système commun de presque tous les ouvrages traitant du droit international.

C'était surtout le droit privé qu'on ne traite d'ordinaire qu'en passant auquel je croyais devoir attacher plus de soin, même je distribuais le précis en deux parties: savoir, pour le droit international public et pour le droit international privé, dont chacune est également subdivisée en deux sections: la première pour le droit international public en temps de paix et en temps de guerre, et la seconde pour le droit civil et le droit criminel.

C'est à dessein que j'évitais de traiter en particulier d'un droit des ambassadeurs et d'un droit des neutres, parce que ce premier me semble faire naturellement partie du droit international public en temps de paix auquel l'usage d'envoyer et de recevoir des ambassadeurs doit son origine, et que le dernier appartient d'autant plus au droit international public en temps de guerre, qu'il n'existe de neutres qu'en ce temps.

Il aurait été bien facile de multiplier les subdivisions de ce système, mais d'un côté la simplicité me semblait en soi-même bien à désirer et de l'autre une subdivision plus spéciale n'était pas nécessaire pour un code dont la plus grande section n'excédait les 105 articles et dont le registre faisait trouver sans peine la matière qu'on cherchait.

En voilà assez quant au système. Peut-être quelqu'un dira que c'est une idée audace et téméraire sur laquelle j'ai osé baser mon travail, mais vis-à-vis des nombreux traités publics, concernant presque toutes les relations de la vie publique et non pas seulement le droit international, ce n'est pas *a priori* qu'on pourra contester à cette idée la possibilité d'être exécutée.

« On terminera ici ces observations préliminaires qui, pour être développées entièrement, exigeraient un volume et auxquelles on ne fera peut-être pas attention, mais il faut toujours parler comme si l'on devait être entendu, écrire comme si l'on devait être lu et penser comme si l'on devait être médité. »

Vienne, le 15 octobre 1860.

Alphonse de Domin.

PREMIÈRE PARTIE.

DROIT INTERNATIONAL PUBLIC.

I. EN TEMPS DE PAIX.

Art. I.

Le droit international public règle les relations des états entre eux, les droits et prérogatives des souverains en dehors de leur pays et ceux des agents diplomatiques. Sujets du droit international public.

Art. II.

Devant le droit international tous les états souverains ainsi que tous les souverains sont égaux. Égalité des états et des souverains.

Art. III.

Chaque état possède et exerce seul et exclusivement la souveraineté et la juridiction dans toute l'étendue de son territoire auquel il a un droit exclusif comme à ses autres biens. Indépendance des états.

Art. IV.

Les états peuvent exercer librement tous leurs droits souverains pourvu qu'en les exerçant ils n'offensent pas les droits d'autrui. Exercice des droits souverains.

ART. V.

Territoire maritime.

Le territoire maritime de tout état s'étend aux ports, aux rades, aux baies, aux golfes, aux embouchures des fleuves et aux parties de la mer voisines des côtes jusqu'à une distance aussi loin que peut porter un coup de canon tiré du rivage.

ART. VI.

Droit de pêche.

Le droit de pêche, entièrement libre en pleine mer, sera réglé exclusivement par les états respectifs dans leur territoire maritime, précisé dans l'article précédent.

ART. VII.

Liberté de la mer.

La mer hors des territoires maritimes ne peut être assujettie à aucune puissance.

ART. VIII.

Cérémonial maritime.

Chaque état a le droit exclusif de régler le cérémonial maritime dans ses limites maritimes. En pleine mer le cérémonial n'est régi que par la politesse réciproque.

ART. IX.

Navigation des détroits.

La navigation des détroits unissant deux mers sera entièrement libre, et la restriction de cette liberté quant aux bâtiments de guerre en quelques cas dépend de stipulations spéciales.

Art. X.

Les lacs, les mers et les fleuves entièrement environnés des limites d'un état, ainsi que les rivières qui traversent un état font partie de son territoire.

Eaux environnées. 1. d'un seul état.

Art. XI.

La propriété d'un lac environné de plusieurs états est partagée par des lignes qu'on se pense tirées des points où les frontières des états riverains se touchent au bord, jusqu'au milieu du lac.

2. de plusieurs états. a. si l'art. V. n'est pas applicable.

Art. XII.

Mais si le lac ou la mer enclavée sont si grands que la règle de l'article V vient être applicable, leur milieu est commun aux états riverains hors des limites précisées dans l'article mentionné.

b. s'il est applicable.

Art. XIII.

Lorsqu'une rivière forme la frontière entre deux états le thalweg est considéré comme la ligne de frontière des deux états.

Frontière formée par une rivière.

Art. XIV.

Chaque état peut exercer le droit de conservation de soi-même.

Droit de conservation de soi-même.

ART. XV.

Interventions et médiations.

Les interventions et médiations de toute espèce d'un état dans les affaires d'un autre ne font partie du droit international qu'en autant qu'elles sont basées sur des conventions positives ou sur la règle de l'article précédent.

ART. XVI.

Changements dans l'intérieur des états.

Une révolution intérieure ou une guerre qui change la constitution, la forme du gouvernement ou la dynastie régnante d'un état quelconque ne lui fait perdre aucun de ses droits ni ne le libère d'aucun de ses engagements qui peuvent subsister sous les relations nouvelles.

ART. XVII.

Séparation et partage des états.

En cas de séparation des colonies et des provinces ou d'un partage complet d'un état quelconque ses droits et ses devoirs seront partagés si cela est possible en proportion de la population et du terrain.

ART. XVIII.

Réunion d'états et annexion de provinces.

En cas de réunion d'états ou d'annexion de provinces leurs droits et leurs devoirs respectifs envers l'étranger restent les mêmes autant que ce sera possible dans les circonstances nouvelles; il dépendra du gouvernement en question comment les réunir dans l'intérieur, ou d'un concert des états intéressés comment les modifier selon les circonstances.

ART. XIX.

Validité des actes et des droits privés constitués par un gouvernement antérieur pour un gouvernement nouveau.

Un gouvernement étant reconnu ou par la moitié des grandes puissances ou au moins par autant d'états que leur population respective forme la cinquième partie de la population de l'Europe, ses actes et les droits privés qu'il a constitués (p. e. les dettes publiques et l'aliénation des domaines) doivent être reconnus par le gouvernement succédant ou rentrant en possession, quand même ces changements ne seraient pas expressément reconnus par un traité entre les deux gouvernements.

ART. XX.

Validité quant aux torts et actes de violence.

Le gouvernement succédant est aussi responsable des torts ou actes de violence commis par le gouvernement antérieur envers d'autres états ou envers leurs sujets.

ART. XXI.

Liberté de navigation et de commerce.

Il y aura liberté réciproque de navigation et de commerce entre les navires et les sujets de toutes les puissances. (Art. LI.)

ART. XXII.

Douanes.

Les douanes des états n'ont rien de commun avec les droits de navigation et de commerce, mais ceux-ci ne doivent être entravés sans besoin par l'exercice des fonctions des douaniers. (Art. XLVII.)

Art. XXIII.

Piraterie.

Les pirates sont hors du droit international, ils peuvent être jugés et punis par les tribunaux de chaque état qui les captive. (Art. XXVII. Art. CXXI. Art. CXLVII.)

Art. XXIV.

Navires, marchandises et effets enlevés aux pirates.

Les navires, marchandises et effets, appartenant à des étrangers, qui auraient été pris par des pirates et qui seraient conduits ou trouvés dans le territoire d'un état quelconque seront remis à leurs propriétaires, en payant, s'il y a lieu, les frais de reprise, qui seront fixés par les tribunaux compétents de l'état reprenant, lorsque le droit de propriété aura été prouvé devant ces tribunaux, et sur la réclamation qui devra en être faite dans le délai de deux années par les intéressés, par leurs fondés de pouvoir, ou par les agents des gouvernements respectifs.

Art. XXV.

Juridiction des vaisseaux en pleine mer.

Les bâtiments soit de guerre, soit de commerce de chaque nation en pleine mer et hors des limites territoriales d'une autre nation ne sont soumis qu'à la juridiction de l'état auquel ils appartiennent.

ART. XXVI.

Aussi les bâtiments marchands ne peuvent être visités en pleine mer qu'à cause de la traite des nègres, et en temps de guerre à cause de contrebande, ou du transport de soldats et de dépêches. (Art. CXLIX.)

Droit de visite exercé sur des bâtiments marchands.

ART. XXVII.

La traite des nègres est prohibée et déclarée crime de piraterie. (Art. XXIII.)

Traite des nègres.

ART. XXVIII.

Le droit de visite des navires marchands soupçonnés sur des présomptions fondées de se livrer à cette traite ne sera exercé que par des bâtiments de guerre munis d'ordres spéciaux de leurs gouvernements et dont les noms ainsi que ceux de leurs commandants seront communiqués à tous les gouvernements; l'exercice de ce droit sera aussi restreint dans un espace qui aura pour limite au nord le 32me degré de latitude septentrionale; à l'ouest, la côte orientale de l'Amérique à partir du point où le 32me degré de latitude septentrionale touche cette côte, jusqu'au 45me degré de latitude méridionale; au sud, le 45me degré de latitude méridionale à partir du point où ce degré de latitude touche la côte orientale de l'Amérique, jusqu'au 80me degré de longitude orientale du méridien de

Mesures à prendre contre la traite.

Greenwich; et à l'est, ce même degré de longitude, à partir de son point d'intersection avec le 45me degré de latitude méridionale jusqu'à la côte des Indes Orientales.

Art. XXIX.

Affranchissement des esclaves.

Tous les esclaves trouvés à bord des bâtiments arrêtés seront immédiatement libérés.

Art. XXX.

Juge des navires arrêtés.

A l'exception de l'article XXIII les navires arrêtés à cause de la traite seront jugés par les tribunaux de l'état auquel ce bâtiment appartient selon les lois existantes dans cet état et dans le port destiné à ce but par chaque état.

Art. XXXI.

Procédé à la visite.

Toutes les fois qu'un navire de commerce sera visité par un croiseur, l'officier commandant le croiseur, avant de procéder à la visite, exhibera au capitaine de ce navire les ordres spéciaux qui lui confèrent le droit exceptionnel de le visiter; et il remettra au dit capitaine un certificat, muni de sa signature, indiquant son rang dans la marine militaire de son pays, ainsi que le nom du bâtiment qu'il commande, et attestant que le seul but de sa visite est de s'assurer si le navire se livre à la traite des nègres, ou s'il est équipé pour ce trafic, ou s'il a été employé à cette traite durant la traversée pendant laquelle il a été rencontré par le dit croiseur. Lorsque la visite est faite par un officier du croiseur autre que celui qui le commande, cet officier devra avoir le grade de lieutenant dans la marine militaire ou au moins être actuellement le second en rang à bord dù navire qui fait la visite; dans ce cas, le dit officier exhibera au capitaine du navire marchand une copie des ordres spéciaux, signée par le commandant du croiseur, et remettra en outre une déclaration signée par lui-même indiquant le rang qu'il occupe dans la marine militaire de son pays, le nom du commandant sous les ordres duquel il agit, le nom du croiseur auquel il appartient, et le but de sa visite, ainsi qu'il a été dit ci-dessus.

Si cette visite constate que les papiers de bord du navire sont en règle, et ses opérations licites, l'officier inscrira sur le journal de bord, que la visite a eu lieu en vertu des ordres spéciaux dont il est fait mention ci-dessus: et lorsque ces formalités auront été accomplies, le navire sera libre de continuer sa route.

Art. XXXII.

Si d'après le résultat de la visite, l'officier commandant le croiseur juge qu'il y a des motifs suffisants pour supposer que le navire se livre à la traite des Suite.

nègres, ou qu'il a été équipé pour ce trafic, ou qu'il s'était livré à ce trafic durant la traversée pendant laquelle il a été rencontré par le croiseur, et s'il se décide, en conséquence, à l'arrêter et à le faire soumettre au jugement de l'autorité compétente, il fera dresser sur-le-champ, par duplicata, l'inventaire de tous les papiers trouvés à bord, et signera cet inventaire en double, ajoutant à son nom, son rang dans la marine militaire, ainsi que le nom du bâtiment qu'il commande.

Il dressera et signera de la même manière, par duplicata, un procès-verbal constatant l'époque et le lieu de l'arrestation, le nom du navire, celui de son capitaine, et ceux des hommes de son équipage ainsi que le nombre et l'état des esclaves trouvés à bord.

Ce procès-verbal devra en outre contenir une description exacte de l'état du navire et de sa cargaison.

Art. XXXIII.

Inspection du navire de la part de l'autorité jugeante.

Dès qu'un bâtiment de commerce, arrêté et renvoyé pour être jugé, arrivera dans le port où il devra être conduit conformément à l'article XXX, le commandant du croiseur qui l'aura arrêté, ou l'officier chargé de sa conduite, remettra aux autorités préposées à cet effet, une expédition signée par lui, de tous les inventaires, déclarations et autres documents spécifiés dans les deux articles précédents; et les dites autorités procéderont en conséquence, à la visite du bâtiment arrêté et de sa cargaison, ainsi qu'à l'inspection de son équipage et des esclaves qui pourront se trouver à bord, après avoir préalablement donné avis du moment de cette visite et de cette inspection au commandant du croiseur ou à l'officier qui aura amené le navire afin qu'il puisse y assister ou s'y faire représenter.

Il sera dressé, par duplicata, un procès-verbal de ces opérations lequel devra être signé par les personnes qui y auront procédé ou assisté; et l'un de ces documents sera délivré au commandant du croiseur, ou à lofficier chargé par lui de la conduite du bâtiment arrêté.

Art. XXXIV.

Tout bâtiment de commerce de l'une ou de l'autre nation, visité et arrêté en vertu des dispositions précédentes, sera présumé, à moins de preuve contraire, s'être livré à la traite des nègres, ou avoir été équipé pour ce trafic, si dans l'installation, dans l'armement, ou à bord du dit navire durant la traversée pendant laquelle il a été arrêté, il s'est trouvé l'un des objets ci-après spécifiés, savoir: Présomption de la traite.

1) Des écoutilles en treillis, et non en planches

entières comme les portent ordinairement les navires de commerce.

2) Un plus grand nombre de compartiments dans l'entrepont ou sur le tillac que ne l'exigent les besoins des bâtiments employés à un commerce licite.

3) Des planches de réserve préparées pour établir un double pont, ou un pont dit *à esclaves.*

4) Des colliers de fer, des chevilles, ou des menottes.

5) Une plus grande provision d'eau, en barriques ou en réservoirs, que ne l'exiegnt les besoins de l'équipage de ce bâtiment marchand.

6) Une quantité extraordinaire de barriques à eau ou d'autres vaisseaux propres à contenir des liquides; à moins que le capitaine ne produise un certificat de la douane du lieu du départ, constatant que les armateurs du dit bâtiment ont donné des garanties suffisantes, que cette quantité extraordinaire de barriques ou de vaisseaux est uniquement destinée à être remplie d'huile de palme, ou employée à un autre commerce licite.

7) Un plus grand nombre de gamelles ou de bidons que l'usage de l'équipage de ce bâtiment marchand n'en exige.

8) Une chaudière ou autre ustensile d'une dimension inusitée pour apprêter les provisions de bouche, et plus grande, ou propre à être rendue plus

grande que ne l'exigent les besoins de l'équipage de ce bâtiment marchand, ou plus d'une chaudière, ou autre appareil de cuisine, de dimension ordinaire.

9) Une quantité extraordinaire de riz, de farine du manioc du Brésil, ou de cassade, appelée communément «farina», ou de maïs, ou de blé des Indes, ou de toute autre provision de bouche quelconque, au-delà des besoins probables de l'équipage; à moins que cette quantité de riz, de farina, de maïs, de blé des Indes, ou de toute autre provision de bouche, ne soit portée sur le manifeste, comme faisant partie du chargement commercial du navire.

10) Une quantité de nattes, en pièces ou en morceaux, plus considérable que ne l'exigent les besoins de ce bâtiment marchand; à moins que ces nattes ne soient portées sur le manifeste, comme faisant partie de la cargaison.

S'il est constaté qu'un ou plusieurs des objets ci-dessus spécifiés se trouvent à bord, ou y ont été durante la traversé pendant laquelle le bâtiment a été capturé, ce fait sera considéré comme une preuve *prima facie* que le bâtiment était employé à la traite; en conséquence il sera condamné et déclaré de bonne prise; à moins que le capitaine ou les armateurs ne fournissent des preuves claires et irrécusables constatant à la satisfaction du tribunal, qu'au moment de son arrestation ou capture le navire était employé à une entreprise licite, et que ceux des différents objets ci-dessus dénommés, trouvés à bord lors de l'arrestation, ou qui auraient été placés à bord pendant la traversée qu'il faisait lorsqu'il a été capturé étaient indispensables pour accomplir l'objet licite de son voyage.

Art. XXXV.

Procédure.

Il sera procédé immédiatement contre le bâtiment arrêté, ainsi qu'il est dit ci-dessus, son capitaine, son équipage et sa cargaison par devant les tribunaux mentionnés dans l'article XXX: et s'il résulte de la procédure, que le dit bâtiment a été employé à la traite des nègres, ou équipé pour ce trafic, le navire, son équipement et sa cargaison de marchandises, seront confisqués; et il sera statué sur le sort du capitaine, de l'équipage et de leurs complices, conformément aux lois d'après lesquelles ils auront été jugés.

En cas de confiscation le produit de la vente du susdit bâtiment sera à la disposition du gouvernement du pays auquel appartient le bâtiment qui a fait la prise, pour être employé conformément aux lois du pays.

Art. XXXVI.

Compensation des pertes en cas de l'application de l'art. XXXIV.

Si l'un des objets spécifiés dans l'article XXXIV est trouvé à bord d'un bâtiment marchand, ou s'il est constaté qu'il y a été durant la traversée pendant laquelle il a été capturé, nulle compensation des pertes, dommages, ou dépenses résultant de l'arrestation de ce bâtiment, ne sera dans aucun cas accordé, soit au capitaine, soit à l'armateur, soit à toute autre personne intéressée dans l'armement ou dans le chargement, alors même qu'une sentence de condamnation n'aurait pas été prononcée contre le bâtiment, en suite de son arrestation.

Art. XXXVII.

Vente du navire confisqué.

Toutes les fois qu'un bâtiment aura été jugé et confisqué comme ayant été employé à la traite des nègres ou équipé pour ce trafic, le gouvernement du croiseur qui aura fait la prise, ou le gouvernement dont le tribunal aura condamné le bâtiment pourra acheter le vaisseau condamné pour le service de sa marine militaire, au prix fixé par une personne capable choisie à cet effet par le dit tribunal. Le gouvernement dont le croiseur aura fait la capture aura un droit de préférence pour l'acquisition du bâtiment. Mais si le vaisseau condamné n'a pas été acheté de la manière indiquée, il sera totalement démoli immédiatement après la sentence de confiscation et vendu par parties après avoir été démoli.

Art. XXXVIII.

Dommages et intérêts en cas de l'arrestation illégale.

Lorsque par la sentence du tribunal compétent, il aura été reconnu, qu'un bâtiment de commerce arrêté ne s'est point livré à la traite des nègres, et n'a point été équipé pour ce trafic, il sera restitué à l'armateur, ou aux armateurs propriétaires légitimes. Et si dans le cours de la procédure il venait à être prouvé que le navire a été visité et arrêté illégalement, ou sans motif suffisant de suspicion; ou que la visite et l'arrestation ont été accompagnées d'abus ou de vexations, le commandant du croiseur, ou l'officier qui aura abordé le dit navire, ou celui à qui la conduite en aura été confiée et sous l'autorité duquel, selon la nature du cas, l'abus ou la vexation aura eu lieu, sera passible de dommages et intérêts envers le capitaine et les propriétaires du bâtiment et de la cargaison.

Ces dommages et intérêts pourront être prononcés par le tribunal devant lequel aura été instruite la procédure contre le navire arrêté, son capitaine, son équipage et sa cargaison; et le gouvernement du pays auquel appartiendra l'officier qui aura donné lieu à cette condamnation, devra payer le montant des dits dommages et intérêts dans le délai de dix mois à partir de la date du jugement.

Art. XXXIX.

Lorsque dans la visite ou l'arrestation d'un bâtiment de commerce, opérée en vertu des articles précédents, il aura été commis quelque abus ou vexation, et que le navire n'aura pas été livré à la juridiction de sa nation, le capitaine devra faire, sous serment, la déclaration des abus ou vexations dont il aura à se plaindre, ainsi que des dommages et intérêts auxquels il prétendra; et cette déclaration devra être faite par lui devant les autorités compétentes du premier port de son pays où il arrivera, ou devant l'agent consulaire de sa nation, dans un port étranger, si le navire aborde en premier lieu dans un port étranger où il existe un tel agent. Suite.

Cette déclaration devra être vérifiée au moyen de l'interrogatoire, sous serment, des hommes principaux de l'équipage ou des passagers, qui auront été témoins de la visite ou de l'arrestation; et il sera dressé du tout un procès-verbal dont deux expéditions seront remises au capitaine, qui devra en faire parvenir une à son gouvernement à l'appui de sa demande en dommages et intérêts.

Il est entendu, que si un cas de force majeure empêche le capitaine de faire sa déclaration, celle-ci pourra être faite par le propriétaire du navire ou par toute autre personne intéressée dans l'armement ou dans le chargement du navire:

Sur la transmission officielle d'une expédition du procès-verbal ci-dessus mentionné, le gouvernement du pays auquel appartiendra l'officier à qui des abus ou vexations seront imputés, fera immédiatement procéder à une enquête, et si la validité de la plainte est reconnue, ce gouvernement fera payer au capitaine ou au propriétaire, ou à toute autre personne intéressée dans l'armement ou chargement du navire molesté, le montant des dommages et intérêts qui lui seront dûs.

Art. XL.

Communication des procédures relatives.

Les gouvernements se communiqueront réciproquement, sur une demande à cet effet et sans frais, copies des procédures intentées et des jugements prononcés, relativement à des bâtiments visités ou arrêtés en exécution des dispositions des articles précédents.

Art. XLI.

Bâtiments de guerre.

Les bâtiments de guerre sont exempts de toute visitation.

Art. XLII.

Leur exterritorialité.

Munis du caractère de l'exterritorialité ils sont exempts de la juridiction civile et criminelle de chaque état dans le territoire duquel ils se trouvent, et ne sont régis que par les lois du pays auquel ils appartiennent. (Art. CIV.)

Art. XLIII.

Aussi des navires marchands naviguant sous leur convoi ou en leur compagnie ne doivent pas être visités à cause de traite des nègres, sans leur permission.

Bâtiments marchands naviguant sous leur convoi ou en leur compagnie.

Art. XLIV.

S'il n'y a pas de prohibition, les ports d'un état sont regardés comme étant ouverts ainsi aux bâtiments de guerre qu'à tous les autres vaisseaux.

Ports étrangers.

Art. XLV.

En conséquence les navires étrangers arrivant sur lest ou chargés dans les ports d'un état quelconque, quelque soit leur provenance ou leur destination, seront traités tant à leur entrée qu'à leur sortie et pendant leur séjour sur ce même pied que les navires nationaux et ne seront assujettis en aucune manière à des droits autres ou plus considérables que ceux qui sont imposés aux navires nationaux en cas semblable.

Traitement des navires dans des ports étrangers.

Art. XLVI.

Aussi en ce qui concerne le placement des navires, leur chargement ou déchargement dans les ports, rades, havres et bassins et généralement pour toutes les formalités et dispositions quelconques auxquelles peuvent être soumis les na-

Placement, chargement et déchargement des navires.

vires de commerce, leur équipage et leur chargement, les bâtiments de toutes les nations seront traités sur le pied d'une parfaite égalité avec les navires nationaux, sauf en outre toutefois l'exterritorialité due aux bâtiments de guerre. (Art. XLII.)

ART. XLVII.

Douane.

Quant à l'importation et à l'exportation des objets de commerce les réglements des douanes des états respectifs seront observés. (Art. XXII.)

ART. XLVIII.

Déchargement d'une partie de la cargaison.

Des navires entrant dans un port quelconque qui ne voudraient décharger qu'une partie de leur cargaison pourront conserver à leur bord la partie de leur cargaison destinée à un autre port, et la réexporter sans être astreints à payer pour cette partie de la cargaison aucun droit de douane sauf les frais de surveillance.

ART. XLIX.

Relâche forcée.

Les navires entrant en relâche forcée dans un port étranger, n'y paieront soit pour le navire soit pour son chargement, que les droits auxquels les nationaux sont assujettis dans le même cas, pourvu que la nécessité de la relâche soit légalement constatée, que ces navires ne fassent aucune opération de commerce, et qu'ils ne séjournent pas dans le port plus longtemps que ne l'exige le motif qui a nécessité la relâche.

Les déchargements et rechargements motivés par le besoin de réparer les bâtiments, ne seront point considérés comme opérations de commerce.

ART. L.

Échouement et naufrage.

En cas d'échouement ou de naufrage d'un navire quelconque dans un état étranger, il sera prêté toute aide et assistance au capitaine et à l'équipage, tant pour les personnes, que pour le navire et sa cargaison.

Les opérations relatives au sauvetage auront lieu conformément aux lois du pays et il ne sera payé de frais de sauvetage plus forts que ceux auxquels les nationaux seraient tenus en pareil cas.

Les marchandises sauvées ne seront soumises à aucun droit, à moins qu'elles ne soient livrées à la consommation.

ART. LI.

Cabotage.

Les restrictions de la règle de l'art. XXI quant au cabotage dépendent des lois et coutumes de chaque état.

ART. LII.

Navigation sur les fleuves.

La navigation dans tout le cours des fleuves, rivières, canaux ou autres voies d'eau soit naturelles soit artificielles, appartenant à un seul état, ou en séparant ou traversant plusieurs du point où chacune d'elles devient navigable jusque dans son embouchure dans une autre ou jusque dans la mer, soit en descendant soit en remontant, sera entièrement libre et ne pourra sous le rapport du commerce être interdite à personne, en se conformant toutefois aux réglements qui seront arrêtés pour sa police d'une manière uniforme pour tous, et aussi favorable que possible au commerce de toutes les nations.

ART. LIII.

Perception des droits et maintien de la police.

Le système établi pour la perception des droits et pour le maintien de la police, sera le même pour tout le cours d'une rivière et s'étendra aussi, à moins que les circonstances particulières ne s'y opposent sur ceux de ses embranchements et confluents qui, dans leur cours navigable, séparent ou traversent différents états.

ART. LIV.

Fixation des droits.

Les droits sur la navigation seront fixés d'une manière uniforme, invariable sans le commun accord des états riverains et assez indépendante de la qualité différente des marchandises pour ne pas rendre nécessaire un examen détaillé de la cargaison, autrement que pour cause de fraude et de contravention; de plus le tarif en sera dressé du point de vue d'encourager le commerce en facilitant la navigation.

ART. LV.

Bureaux de perception.

Le nombre des bureaux de perception fixé d'un commun accord ne doit être varié ensuite sans accord des états riverains. Auprès de chacun d'eux il sera établie une autorité judiciaire pour examiner et décider d'après le réglement commun des états riverains en première instance, toutes les affaires contentieuses qui regardent les objets fixés par ce réglement.

ART. LVI.

Chemins de halage et lit de la rivière.

Chaque état riverain est chargé de l'entretien des chemins de halage qui passent par son territoire et des travaux nécessaires pour la même étendue dans le lit de la rivière pour ne faire éprouver aucun obstacle à la navigation. Dans le cas où les deux rives appartiennent à différents gouvernements ces derniers travaux leur sont communs pour l'étendue dans laquelle la rivière les sépare.

ART. LVII.

Droits de relâche.

Les droits d'étape, d'échelle, de relâche forcée ou de rompre charge sont et demeurent abolis.

Art. LVIII.

Agents consulaires.

Pour mieux protéger le commerce chaque état a la faculté d'entretenir dans les ports ouverts (Art. XLIV) dans les places maritimes de commerce et dans la capitale d'un autre des consuls-généraux, consuls, vice-consuls ou agents consulaires.

Art. LIX.

Ils n'ont aucun caractère diplomatique.

Les consuls-généraux, consuls, vice-consuls, et agents consulaires ne sont investis d'aucun caractère diplomatique, ils ne sont que des agents commerciaux, protecteurs du commerce et de la navigation de leurs nationaux, et sujets aux lois tant civiles que criminelles du pays où ils résident. (Art. CI.)

Art. LX.

Leurs prérogatives.

Néanmoins ils ont droit à la protection particulière du gouvernement dans le territorial duquel ils résident et à l'assistance des autorités locales pour le libre exercice de leurs fonctions, aussi sont-ils exempts de toutes les impositions d'une nature personnelle. Les archives et documents relatifs aux affaires consulaires sont protégés contre toute recherche et aucune autorité ni aucun magistrat ne peut d'une manière quelconque et sous aucun prétexte les visiter, les saisir ou s'en enquérir.

Art. LXI.

Pour jouir de ces prérogatives et pour être admis à l'exercice de leurs fonctions, les consuls-généraux, consuls et vice-consuls, dûment nommés par leur gouvernement respectif doivent avoir obtenu l'exéquatur de celui dans le territoire duquel ils résident. L'exéquatur sera délivré aussi promptement que possible et sans prélever une taxe ou autres droits. Exéquatur.

Art. LXII.

Les consuls respectifs peuvent faire arrêter et renvoyer, soit à bord soit dans leur pays, les matelots qui auraient déserté des bâtiments de leur nation dans un des ports d'une autre, à moins que ces matelots ne soient sujets de cette dernière. A cet effet ils s'adresseront, par écrit, aux autorités locales compétentes, et justifieront par l'exhibition en original ou en copie dûment certifiée des registres du bâtiment ou du rôle d'équipage ou par d'autres documents officiels, que les individus qu'ils réclament faisaient partie du dit équipage; sur cette demande ainsi justifiée, la remise ne pourra leur être refusée. Matelots fugitifs.

Il leur sera donné toute aide pour la recherche et l'arrestation des déserteurs, qui seront même détenus et gardés dans les maisons d'arrêt du pays à la réquisition et aux frais des consuls, jusqu'à ce que ces agents aient trouvé une occasion de les faire partir.

Si pourtant cette occasion ne se présentait pas dans un délai de deux mois à compter du jour de l'arrestation, les déserteurs seraient mis en liberté, et ne pourraient plus être arrêtés pour la même cause.

Si le déserteur avait commis quelque délit ou crime, son extradition sera différée jusqu'à ce que le tribunal qui a droit d'en connaître, ait rendu son jugement et que celui-ci ait eu son effet.

Art. LXIII.

Postes et télégraphes.

Il sera entretenue entre les bureaux télégraphiques et les postes de tous les états une correspondance continuelle et inaltérable pour l'envoi, la réception et la distribution des dépêches, des lettres et des paquets ainsi que pour le transport de personnes et de marchandises.

Art. LXIV.

Secret des lettres.

Le secret des lettres sera respecté partout de la manière la plus parfaite.

Art. LXV.

Droits d'aubaine, de détraction et d'émigration.

Les droits d'aubaine, de détraction et d'émigration sont et demeurent abolis. (Art. CX.)

Art. LXVI.

Tout état souverain a le droit de négocier et de contracter des traités avec un autre, sans préjudice toutefois pour les droits d'un tiers. Conventions d'état.

Art. LXVII.

A fin d'éviter des contestations il n'y a entre les états que des conventions écrites. Leur forme.

Art. LXVIII.

Les traités doivent être interprétés selon la propre signification des mots en usage au temps de la rédaction du traité et selon le dessein des contractants. Leur interprétation.

Art. LXIX.

Une convention en vertu de laquelle un état confère des droits à un autre sans l'obliger réciproquement est toujours à interpréter en doute, en faveur de l'obligé. Présomption en faveur de l'obligé.

Art. LXX.

Pour contracter au nom d'un état quelconque avec un autre il faut que le plénipotentiaire soit muni d'une lettre de créance et d'un plein-pouvoir spécial, à moins que ce ne soient les souverains eux-mêmes qui contractent. Pleins-pouvoirs.

ART. LXXI.

Ratification.

Pour être valide, une convention conclue par des plénipotentiaires doit être ratifiée en règle générale par le pouvoir suprême des états contractants conformément aux lois constitutionnelles de chacun d'eux. Mais aucun état n'est obligé à ratifier, même quand les pleins-pouvoirs ne seraient pas dépassés.

ART. LXXII.

Commencement de la validité.

La validité d'un traité ratifié date du moment de la signature et non pas de celui de la ratification.

ART. LXXIII.

Exception à l'art. LXXI.

En exception de l'art. LXXI les actes officiels des généraux ou des amiraux qui suspendent ou limitent l'exercice des hostilités dans la sphère de leurs commandements n'ont pas besoin d'une ratification pour être valides. (Art. CLXXIII.)

ART. LXXIV.

Signature.

A la signature des traités les noms des puissances se suivront selon l'ordre de l'alphabet français.

ART. LXXV.

Agents diplomatiques.

Chaque état indépendant a le droit d'envoyer et de recevoir des agents diplomatiques.

Art. LXXVI.

Les agents diplomatiques sont divisés en quatre classes: Classes des agents diplomatiques.

1) Les ambassadeurs et légats du pape ou nonces.

2) Les envoyés, ministres, ou autres accrédités auprès des souverains.

3) Les ministres-résidents accrédités auprès des souverains.

4) Les chargés d'affaires accrédités auprès des ministres chargés des affaires étrangères.

Art. LXXVII.

Les ambassadeurs, légats ou nonces ont seuls le caractère représentatif; et le droit de les envoyer appartient exclusivement aux souverains et aux états jouissant des honneurs royaux, c.-à-d. au pape, aux empereurs, rois, grands-ducs, électeurs et aux grandes républiques. Caractère représentatif.

Art. LXXVIII.

Les employés diplomatiques en mission extraordinaire n'ont à ce titre aucune supériorité de rang. Mission extraordinaire.

Art. LXXIX.

Les employés diplomatiques prendront rang entre eux dans chaque classe d'après la date de la notification officielle de leur arrivée. Rang dans chaque classe.

Art. LXXX.

Nonce apostolique.

Aux cours catholiques le nonce apostolique a le pas sur tous les autres agents diplomatiques.

Art. LXXXI.

Réception des employés diplomatiques.

Dans chaque état doit être déterminé un mode uniforme pour la réception des employés diplomatiques de chaque classe.

Art. LXXXII.

Parenté ou alliance entre les cours.

Les liens de parenté ou d'alliance de famille entre les cours ne donnent aucun rang à leurs employés diplomatiques.

Il en est de même des alliances politiques.

Art. LXXXIII.

Ministre sujet du gouvernement auprès duquel il est accrédité.

Auprès d'aucun état il ne sera accrédité ministre public un sujet de cet état.

Art. LXXXIV.

Lettre de créance.

Chaque agent diplomatique sera muni d'une lettre de créance de la part de son gouvernement.

Art. LXXXV.

Exterritorialité.

Tous les agents diplomatiques sans distinction de rang ont le caractère d'exterritorialité, c.-à-d. ils sont exempts de toute juridiction civile et criminelle non seulement de l'état auprès duquel ils sont accrédités, mais aussi de chaque autre état par lequel ils passent munis des documents qui attestent leur caractère diplomatique. Leur personne étant inviolable et sacrée ce n'est que l'état dont ils sont les sujets qui peut les juger.

Art. LXXXVI.

La famille, la suite et les domestiques d'un agent diplomatique jouissent des mêmes priviléges d'exemption sans tenir compte de ce qu'ils sont sujets ou non de l'état auprès duquel l'agent diplomatique est accrédité, pourvu seulement qu'ils aient le même domicile que lui.

Famille, suite et livrée du ministre public.

Art. LXXXVII.

Quant aux domestiques il en doit être donné une liste officielle au gouvernement du lieu pour les faire jouir de cette exemption.

Liste des domestiques.

Art. LXXXVIII.

Les personnes énumérées dans l'art. LXXXVI jouissent de ces priviléges encore pendant trois mois après le décès de leur maître.

Durée des exemptions.

Art. LXXXIX.

A cause des obligations civiles d'un agent diplomatique on ne peut que le poursuivre devant

Obligations civiles d'un agent diplomatique.

les tribunaux compétents de sa patrie ou s'adresser à son gouvernement.

Art. XC.

Crimes commis par un agent diplomatique.

Aussi ne peut-il être jugé et puni en cas de crimes par le gouvernement étranger. Tout au plus on peut lui envoyer ses passeports, et même si le crime est atroce et compromet la sûreté de l'état, on ne peut que l'arrêter, l'interroger, si cela est nécessaire, et le renvoyer à son gouvernement en demandant sa punition.

Art. XCI.

Biens mobiliers d'un agent diplomatique.

Les biens mobiliers d'un agent diplomatique, de sa famille, de sa suite et de ses domestiques ne peuvent non plus être saisis par arrêt d'aucun tribunal étranger, hormis seulement ces biens qu'il ne possède que comme négociant pour objet de commerce.

Art. XCII.

Ses biens immobiliers.

Les biens immobiliers d'un agent diplomatique sont assujettis aux lois de leur situation.

Art. XCIII.

Son hôtel, son habitation et son équipage.

La règle de l'article précédent ne s'applique pas à l'hôtel ou à l'habitation d'un agent diplomatique. Ils sont inviolables ainsi que son équipage, mais ils ne peuvent être un asile pour personne, et l'agent diplomatique doit, à la demande du gouvernement auprès duquel il est accrédité, livrer toutes les personnes qui s'y sont réfugiées, même ses compatriotes, à moins qu'ils ne soient sacrés par le caractère d'exterritorialité.

Art. XCIV.

Droits et taxes

La personne, les effets mobiliers et l'hôtel du ministre ne sont pas sujets aux impôts.

Art. XCV.

Messagers et courriers.

Les messagers et courriers envoyés avec des dépêches aux légations ou par les légations sont inviolables et exempts de toute espèce de visites et de recherches en traversant les territoires des puissances amies de leur gouvernement pourvu qu'ils soient munis de passeports attestant leur caractère officiel.

Art. XCVI.

Juridiction de l'agent diplomatique.

Les limites de la juridiction d'un agent diplomatique sur sa famille, sa suite et sa livrée dépendent de ses pouvoirs spéciaux.

Art. XCVII.

Exercice du culte religieux.

Les agents diplomatiques ont le droit d'exercer dans leurs maisons ou dans leurs chapelles privées le culte religieux selon le rit de leur religion respective, quoique cette religion ne soit pas généralement tolérée par les lois de l'état où ils résident.

Art. XCVIII.

Femmes des agents diplomatiques de la première classe.

Les femmes des agents diplomatiques de la première classe, bien qu'elles n'aient point de caractère représentatif, jouissent du droit de tabouret dans les cercles de la souveraine à la cour de laquelle leurs maris sont accrédités.

Art. XCIX.

Lettre de rappel.

Un agent diplomatique rappelé pour des motifs qui ne touchent pas les relations amicales entre le gouvernement qu'il représente et celui auprès duquel il est accrédité doit être rappelé par une lettre formelle de rappel.

Art. C.

Mesures à prendre à cause de la mort d'un agent diplomatique.

Chaque gouvernement prescrira d'avance les mesures à prendre en cas de mort de ses agents diplomatiques. L'état étranger n'y peut rien faire sans intelligence du premier, à moins d'un cas de nécessité.

Art. CI.

Consuls résidants dans l'orient.

La participation des consuls résidants dans l'orient aux droits des agents diplomatiques (Art. LIX) est basée sur des traités spéciaux et reste en vigueur préalablement.

Art. CII.

Souverains étrangers.

Les souverains étrangers jouissent au plus haut degré des droits et prérogatives de l'exterritorialité énumérés dans les articles précédents. Aussi exercent-ils une juridiction illimitée sur leur famille, leur suite et leurs domestiques selon leurs lois nationales même en pays étranger.

Art. CIII.

Membres des familles souveraines.

Les membres des familles souveraines par eux-mêmes, sont également regardés comme jouissant des droits de l'exterritorialité, s'ils n'entrent pas dans le service d'un état étranger.

Art. CIV.

Troupes et bâtiments de guerre étrangers.

Des troupes et des bâtiments de guerre étrangers entrant dans le territoire d'un autre état sont exempts eux aussi de toute juridiction civile ou criminelle de cet état. (Art. XLII.)

Art. CV.

Titres.

Les souverains ont un droit à leurs titres, mais pour qu'un changement dans ces titres ou dans ceux des princes de leurs maisons soit reconnu, il faut que les cabinets en soient préalablement convenus entre eux.

II. EN TEMPS DE GUERRE.

Art. CVI.

Pouvoir de déclarer la guerre.

Le pouvoir de déclarer la guerre et de conclure la paix réside partout dans le pouvoir suprême de l'état plus ou moins limité selon les lois fondamentales.

Art. CVII.

Déclaration de guerre.

Une déclaration formelle de guerre à l'ennemi n'est pas nécessaire.

Art. CVIII.

Validité des traités pendant la guerre.

Ni les traités des états entre eux et les droits et devoirs en résultants, ni ceux de leurs sujets ne sont éteints en cas de guerre survenante. Ils restent en vigueur et même les traités dont la guerre modifie l'exercice ou qu'elle fait cesser pendant le temps de sa durée, sont ravivés *ipso facto* au retour de la paix, si une convention expresse ne les a abolis.

Art. CIX.

Inviolabilité de la propriété des sujets d'un état dans le territoire d'un autre en temps de guerre.

Ainsi ni la propriété des sujets d'un état se trouvant dans le territoire d'un autre, ni les dettes dues par les individus d'une nation aux individus de l'autre, ni les parts ni les sommes qu'ils pouvaient avoir dans les fonds publics, ou dans les banques privées, ne peuvent être jamais à tous événements de guerre ou différends internationaux, séquestrés ou confisqués.

Art. CX.

Les sujets d'un état belligérant résidant dans le territoire ennemi pourront partir et emporter tous leurs biens sans être molestés ni empêchés (Art. LXV); ils y peuvent même rester, s'ils ne sont pas armés et habitent des places non fortifiées, sans être molestés en leurs personnes ni en leurs biens.

Sujets d'un état belligérant se trouvant dans le territoire ennemi pendant la guerre.

Art. CXI.

Aucun emploi de la force n'est permis s'il n'est pas nécessaire.

Emploi de la force.

Art. CXII.

Seulement les personnes enrôlées qui ont prêté le serment militaire peuvent être loyalement tuées pendant qu'elles combattent, ainsi que tous ceux qui prennent part activement à la résistance pendant qu'ils le font, ou qui sont convaincus d'espionnage.

Restriction de la permission de tuer l'ennemi.

Art. CXIII.

Toutes ces personnes, exceptés les espions, si elles se rendent, même étant en armes, ne peuvent

Prisonniers de guerre.

plus être tuées; en ce cas elles sont faites prisonniers de guerre.

ART. CXIV.

Ils ne doivent pas être tués.

Les prisonniers de guerre ne doivent pas être tués.

ART. CXV.

Leur traitement.

Aux prisonniers de guerre doit être assigné dans les territoires respectifs des belligérants un séjour non trop éloigné situé dans un air sain; ils ne seront point consignés dans des cachots ni dans des prisons ni dans des pontons; ils ne seront pas mis aux fers ni garottés ni autrement privés de l'usage de leurs membres.

Les officiers seront relâchés sur leur parole d'honneur, dans l'enceinte de certains districts qui leur seront fixés, et on leur accordera des logements commodes. Les simples soldats seront distribués dans des cantonnements ouverts, assez vastes pour prendre l'air et l'exercice, et seront logés dans des baraques aussi spacieuses et aussi commodes que le sont celles des troupes de la puissance au pouvoir de laquelle se trouvent les prisonniers.

Cette puissance doit pourvoir journellement les officiers d'autant de rations composées des mêmes articles et de la même quantité dont jouissent en nature et en équivalent, les officiers du même rang qui sont à son propre service; elle fournira également à tous les autres prisonniers une ration pareille à celle qui est accordée au soldat de sa propre armée.

Le montant de ces dépenses sera payé par l'autre puissance, d'après liquidation de compte à arrêter réciproquement pour l'entretien des prisonniers à la fin de la guerre; et ces comptes ne seront point confondus ou balancés avec d'autres comptes, ni la salde qui en est due, retenue comme compensation ou représailles pour tel autre article, ou telle autre prétention réelle ou supposée.

Art. CXVI.

Commissaires surveillant à ce traitement.

Il sera permis à chacun des états belligérants d'entretenir un commissaire de leur choix dans chaque cantonnement des prisonniers qui sont au pouvoir de l'autre. Ces commissaires auront la liberté de visiter les prisonniers aussi souvent qu'ils le désireront, ils pourront également recevoir et distribuer les douceurs que les parents ou amis des prisonniers leur feront parvenir: enfin il leur sera libre encore de faire leurs rapports, par lettres ouvertes, à ceux qui les emploient; mais si un officier manquait à sa parole d'honneur, ou qu'un autre prisonnier sortît des limites qui auraient été fixées à son cantonnement, un tel officier ou autre prisonnier sera frustré individuellement des avantages de cet article et de l'article précédent pour sa relaxation sur parole d'honneur ou pour son cantonnement.

Art. CXVII.

Échange des prisonniers.

La guerre une fois finie, les prisonniers doivent être échangés et relâchés sans rançon.

Art. CXVIII.

Personnes exemptes des actes d'hostilités.

A l'exception des personnes mentionnées dans l'art. CXII et CXIII tous les individus sont exempts de l'effet direct des actes d'hostilités, à moins qu'ils ne se soient rendus coupables de quelque infraction des usages de la guerre.

Art. CXIX.

Souverains et leurs familles.

La personne d'un souverain est inviolable, ni lui, ni les membres de sa famille ne doivent être tués même en combattant. S'ils sont faits prisonniers ils doivent être traités avec l'égard dû à leur qualité suprême.

Art. CXX.

Propriété et droits privés.

En règle générale la propriété privée sur terre et sur mer n'est pas confiscable et ne peut être ravagée ou dévastée qu'en cas de nécessité. Aussi les droits privés ne doivent être offensés qu'en ce cas excepté.

ART. CXXI.

Les marodeurs sont à traiter comme des pirates. (Art. XXIII.) Marodeurs.

ART. CXXII.

Des contributions militaires ne sont à lever sur les habitants d'un territoire conquis qu'en cas de nécessité et selon le principe d'une juste répartition de l'impôt. Contribution militaire.

ART. CXXIII.

S'il faut faire usage de la propriété privée pour des opérations militaires les propriétaires seront dûment dédommagés. Dédommagement.

ART. CXXIV.

Le pillage et le sac des places assiégées et prises sont et demeurent abolis. Pillage et sac.

ART. CXXV.

Les édifices publics s'ils ne sont pas affectés au service militaire sont exempts des opérations de la guerre. Édifices publics.

ART. CXXVI.

Ce ne sont que les biens mobiliers enlevés aux combattants au champ de bataille et dans les camps Butin.

et les navires de guerre ou autres appartenant à l'état belligérant lui-même, pris par l'ennemi qui sont regardés comme butin.

Art. CXXVII.

Titre à la propriété capturée.

Le titre à la propriété des biens mobiliers mentionnés ci-dessus est perdu pour le premier propriétaire en 24 heures après le moment de l'enlèvement, pendant que la propriété des navires d'état est regardée perdue dès le moment de la capture.

Art. CXXVIII.

Propriété publique.

La propriété appartenant au gouvernement vaincu passe à l'état vainqueur. (Art. XIX.)

Art. CXXIX.

Droit international privé pendant la guerre.

Les règles du droit international privé comme elles sont exposées dans la seconde partie de ce code restent en vigueur pour les sujets des belligérants même en temps de guerre.

Art. CXXX.

Commerce pendant la guerre.

Le commerce des sujets des états belligérants soit entre eux soit avec leurs alliés ou avec les états neutres n'est pas défendu de soi-même par le commencement d'une guerre ni sur terre ni sur mer, et sa liberté, comme elle est prononcée dans l'article XXI et suiv., demeure la règle générale, et il ne sera entravé qu'en autant que les opérations immédiates de la guerre le font inévitablement nécessaire.

ART. CXXXI.

Les marchandises et surtout toute la propriété privée des commerçants ne peuvent être confisquées jamais (Art. CXX) excepté les cas énoncés dans les articles suivants, et s'il fallait en faire usage par nécessité urgente c'est l'article CXXIII qui doit être appliqué.

Confiscation des marchandises.

ART. CXXXII.

Chaque état neutre défendra à ses sujets le commerce de contrebande de guerre avec les états belligérants, leurs alliés et leurs sujets ainsi que le transport de personnes militaires et de dépêches au service d'un des états belligérants.

Le commerce de contrebande et le transport de personnes militaires et dépêches au service d'un belligérant défendus par le gouvernement neutre.

ART. CXXXIII.

Les objets suivants sont exclusivement considérés comme contrebande de guerre, savoir: pièces de canon, mortiers, armes à feu, pistolets, bombes, grenades, boulets, balles, fusils, pierres à feu, mèches, poudre, salpêtre, soufre, cuirasses, piques, épées, ceinturons, gibernes, selles et brides; en exceptant toutefois la quantité des susdits articles qui peut être nécessaire pour la défense du vaisseau et de ceux qui en composent l'équipage, et tous

Objets de la contrebande de guerre.

les autres articles quelconques non désignés ici ne seront pas réputés munitions de guerre et navales, ni sujets à confiscation (Art. CXXXIV), et par conséquent passeront librement sans être assujettis à la moindre difficulté.

Art. CXXXIV.

Confiscation du navire avec toute la cargaison.

Un bâtiment quelconque chargé de contrebande de guerre destinée pour une des parties belligérantes, ou transportant des personnes militaires ou des dépêches au service d'un tel état, s'il est capturé par l'autre soit en pleine mer soit dans le territoire maritime des belligérants sera confisqué et est considéré dès le moment de la capture comme devenu la propriété de l'état qui l'a faite, avec toute sa cargaison.

Art. CXXXV.

Reprise.

Même en cas de reprise par un autre état allié la propriété n'est pas restituée, mais le navire repris avec toute sa cargaison appartient dès ce moment à l'état repreneur.

Art. CXXXVI.

Dédommagement des propriétaires innocents.

Les propriétaires innocents du navire et du reste de la cargaison doivent être dédommagés par les coupables qui ont chargé la contrebande, ou transporté volontairement des soldats et des dépêches.

Art. CXXXVII.

Le fait d'avoir été violemment forcé d'entrer au service de l'ennemi n'exempte pas de la confiscation, mais l'état forçant est obligé au dédommagement. (Art. CXXIII.)

Commerce ou transport forcé.

Art. CXXXVIII.

Le territoire neutre étant inviolable, les prises faites dans les limites maritimes de ce territoire (Art. V) doivent être restituées.

Prises faites dans le territoire neutre.

Art. CXXXIX.

A la peine de confiscation mentionnée dans l'article CXXXIV avec les mêmes conséquences quant à la reprise (Art. CXXXV) et au dédommagement (Art. CXXXVI et CXXXVII) est assujeti également tout navire déjà par la simple tentative d'entrer soit ouvertement soit frauduleusement dans un port bloqué.

Violation de blocus.

Art. CXL.

Aucun port n'est regardé comme bloqué à moins qu'il n'y ait, par la disposition de la puissance qui l'attaque avec des vaisseaux arrêtés et suffisamment proches, un danger évident d'entrer.

Définition du blocus.

Art. CXLI.

Le soi-disant blocus sur papier ne peut produire aucun effet.

Blocus sur papier.

ART. CXLII.

Avis aux navires.

Le simple acte d'avoir mis à la voile pour un port bloqué ne constitue pas le délit d'infraction du blocus. Pour qu'un navire puisse être confisqué à cause de ce délit il doit avoir essayé d'entrer après que la patache de l'escadre bloquant l'a instruit du blocus, et a inscrit la notification sur le journal de bord.

ART. CXLIII.

Absence de l'escadre de blocus occasionnée par la tempête.

Un navire tellement averti est considéré avoir rompu frauduleusement le blocus s'il tente d'entrer pendant l'éloignement accidentel de l'escadre de blocus produit par la tempête, à moins que le cas de l'article XLIX ne vienne en considération.

ART. CXLIV.

Terme de retraite pour les navires se trouvant dans le port.

Les bâtiments de guerre des neutres ainsi que tous les navires de commerce ou autres appartenant à des personnes privées à moins qu'ils ne soient au service de l'état belligérant ennemi, s'ils se trouvent dans le port au moment du commencement de blocus, peuvent s'éloigner librement pendant un délai de huit jours, chargés de quoi que ce soit à l'exception des objets appartenant au gouvernement ennemi.

ART. CXLV.

Prolongement et transgression du terme fixé.

Les navires qui voudraient s'arrêter dans le port au delà de ce terme doivent requérir la permission expresse du commandant de l'escadre bloquant à peine de confiscation.

Cette permission sera accordée ou non, selon que le commandant la trouvera compatible avec les opérations de la guerre, mais sans responsabilité des dommages.

Elle sera toujours accordée en cas de l'art. XLIX.

Art CXLVI.

Les navires se retirant sont assujettis à une recherche pour prouver qu'ils ne sont pas chargés des objets appartenant à l'état ennemi. Recherche des navires se retirant.

Art. CXLVII.

La course est et demeure abolie. Elle est considérée comme piraterie. (Art. XXIII.) La course.

Art. CXLVIII.

Le droit de visite comme il est exposé dans les articles suivants ne doit être exercé que par des bâtiments de guerre des états belligérants. Exercice du droit de visite.

Art. CXLIX.

Pour constater qu'un navire n'est pas chargé de contrebande de guerre destinée pour l'ennemi, ou qu'il ne transporte pas de personnes militaires ou de dépêches au service de l'ennemi, tous les bâtiments de guerre des états belligérants ont le droit But de la visite.

de visiter en temps de guerre et sur des présomptions fondées des dits délits tous les navires ennemis ainsi que tous les navires marchands des autres états. (Art. XXVI.)

ART. CL.

Visite à cause de blocus.

En égard au principe de l'article CXLII une visite à cause de blocus n'aura jamais lieu, à moins que l'article CXLVI ne vienne en considération.

ART. CLI.

Procédé à la visite.

Toutes les fois qu'un navire tel qu'il est désigné dans l'article CXLIX est arrêté par un bâtiment de guerre d'un état belligérant, le commandant du dernier ou un officier délégué après avoir constaté par des certificats suffisants la qualité du navire arrêtant comme appartenant à la marine militaire de l'état belligérant, communiquera au capitaine de ce navire le but de la visite, alors il examinera les papiers de bord, et s'il le trouve encore nécessaire, il procédera à la recherche du navire.

ART. CLII.

Suite.

Si cette visite constate que les papiers de bord du navire sont en règle et ses opérations licites, l'officier inscrira sur le journal du-bord que la visite a eu lieu et alors le navire sera libre de continuer sa route.

Art. CLIII.

Si d'après le résultat de la visite l'officier commandant du bâtiment de guerre juge qu'il y a des motifs suffisants de supposer que le navire a commis un des délits énumérés dans l'article CXXXII et s'il se décide, en conséquence, à l'arrêter et à le faire soumettre au jugement de l'autorité compétente, il fera dresser sur-le-champ pendant le voyage, par duplicata, l'inventaire de tous les papiers trouvés à bord et signera cet inventaire en double, ajoutant à son nom, son rang dans la marine militaire, ainsi que le nom du bâtiment qu'il commande. Suite.

Il dressera et signera de la même manière, par duplicata, un procès-verbal constatant l'époque et le lieu de l'arrestation, le nom du navire, celui de son capitaine et ceux des hommes de son équipage. Ce procès-verbal doit en outre contenir une description exacte de l'état du navire et de sa cargaison.

Art. CLIV.

Les capitaines de tous les navires marchands destinés à aller sous convoi d'un vaisseau de guerre neutre, seront tenus, avant qu'ils ne reçoivent leurs instructions de navigation, de produire au commandant du vaisseau de convoi leurs passeports et certificats ou lettres de mer. Convoi.

Art. CLV.

Procédé à la visite en cas de convoi.

Lorsqu'un tel vaisseau de guerre ayant sous convoi des navires marchands, sera rencontré par un vaisseau ou des vaisseaux de guerre d'un état belligérant, pour éviter tout désordre, on se tiendra hors de la portée du canon, à moins qne l'état de la mer ou le lieu de la rencontre ne nécessite un plus grand rapprochement; et le commandant du vaisseau de la puissance belligérante enverra une chaloupe à bord du vaisseau de convoi, où il sera procédé réciproquement à la vérification des papiers et certificats qui doivent constater, d'une part, que le vaisseau de guerre neutre est autorisé à prendre sous son escorte tels ou tels vaisseaux marchands, chargés de telle cargaison et pour tel port, de l'autre part, que le vaisseau de guerre appartient à la flotte d'une partie belligérante.

Art. CLVI.

Suite.

Cette vérification faite, il n'y aura lieu à aucune visite, si les papiers sont reconnus en règle, et s'il n'existe aucun motif valable de suspicion. Dans le cas contraire le commandant du vaisseau de guerre neutre (y étant dûment requis par le commandant du vaisseau ou des vaisseaux de la puissance belligérante) doit amener et détenir son convoi pendant le temps nécessaire pour la visite des bâtiments qui le composent; et il aura la faculté de nommer et de déléguer un ou plusieurs officiers, pour assister à la visite desdits bâtiments, laquelle se fera en sa présence sur chaque bâtiment marchand, conjointement avec un ou plusieurs officiers préposés par le commandant du vaisseau de la partie belligérante.

Art. CLVII.

S'il arrive que le commandant du vaisseau ou des vaisseaux de la puissance en guerre ayant examiné les papiers trouvés à bord, et ayant interrogé le maître et l'équipage du vaisseau, aperçoive des raisons justes et suffisantes pour détenir le navire marchand, afin de procéder à une recherche ultérieure, il notifiera cette intention au commandant du vaisseau de convoi, qui aura le pouvoir d'ordonner à un officier de rester à bord du navire ainsi détenu, et assister au procédé exposé dans l'article CLIII et à l'examen de la cause de sa détention. Suite.

Art. CLVIII.

Si quelque navire marchand était détenu sans une cause juste et suffisante, le commandant du vaisseau ou des vaisseaux de la puissance belligérante sera non-seulement tenu, envers les propriétaires du navire et de la cargaison, à une compen- Détention sans cause juste.

sation pleine et parfaite pour toutes pertes, frais, dommages et dépenses occasionnés par une telle détention, mais il subira encore une punition ultérieure pour tout acte de violence ou autre fraude qu'il aurait commis, suivant ce que la nature du cas pourrait exiger. Par contre, il ne sera point permis, sous quelque prétexte que ce soit, au vaisseau de convoi de s'opposer par la force à la détention du navire ou des navires marchands, par le vaisseau ou les vaisseaux de guerre de la puissance belligérante. (Art. CLXV.)

Art. CLIX.

Vaisseaux sous convoi ennemi.

Les vaisseaux sous le convoi de l'ennemi ne sont pas exposés à la capture de la part d'un autre belligérant à cause de cette circonstance.

Art. CLX.

Ports auxquels les navires détenus doivent être amenés.

Les navires détenus doivent être amenés tout de suite au port le plus convenable appartenant à la puissance belligérante ou à son alliée.

Art. CLXI.

Ports neutres.

Il dépend des puissances neutres si elles veulent admettre les navires capturés dans leurs ports ou non; mais elles ne doivent pas admettre les navires capturés par un belligérant et exclure ceux capturés par l'autre. (Art. CLXIX.)

Art. CLXII.

La validité des capturés maritimes doit être déterminée par une cour de prise du gouvernement de celui qui a fait la capture siégeant dans son pays même, et formée par des non-suspects, qui ne sont point intéressés dans l'affaire dont il est question; elle doit être jugée sans retard et la procédure sera toujours uniforme, prompte et conforme aux règles de la plus exacte justice et équité. Validité des captures.

Art. CLXIII.

Les états belligérants établiront toujours une cour d'appel à laquelle les parties pourront référer des cours inférieures, si elles se croient lésées, pendant un délai de deux mois après avoir reçu la notification du jugement si l'éloignement de la cour. d'appel n'est plus de 25 degrés de longitude, ou de trois mois s'il est plus grand. Cour d'appel.

Art. CLXIV.

S'il résulte de la procédure qui doit s'appuyer sur les documents mentionnés dans l'art. CLIII et sur une inspection nouvelle et rigoureuse du navire, semblable à celle exposé dans l'art. XXXIII soit par des membres de la cour elle-même, si le navire se trouve au lieu où elle siége, soit par des commissaires ou par les autoritées consulaires s'il ne s'y trouve pas (Art. CLXI) que le dit bâtiment, cap- Jugement de Confiscation.

turé en un lieu non neutre, est un bâtiment de guerre de l'ennemi, qu'il appartient au gouvernement ennemi, qu'il a été chargé de contrebande de guerre destinée pour l'ennemi, qu'il a transporté des soldats ou des dépêches à son service ou enfin qu'il doit être considéré comme ayant violé de fait un blocus selon les principes énoncés dans les articles CXXXIX à CXLVI, le navire sera confisqué avec tout son équipement et avec toute sa cargaison au profit de l'état dont les vaisseaux l'ont capturé. Par ce jugement s'il a été confirmé par la cour d'appel, ou si les parties n'ont pas référé à cette cour, dans le délai précisé dans l'article précédent, la propriété de cet état en égard du navire capturé et de sa cargaison qui se date du moment de la capture (Art. CXXXIV) est expressément déclarée valide, et l'état peut ou le retenir à son usage ou le vendre librement, soit en tout soit en partie, avec toute la cargaison.

Art. CLXV.

Dédommagements.

En cas de détention mal fondée ou autre contravention aux règles de ce code, il sera accordé aux propriétaires du navire ainsi détenu et de sa cargaison, pour chaque jour de retard, des dédommagements proportionnés à la perte qu'ils auraient faite, en raison du fret dudit navire et de la nature de sa cargaison.

Art. CLXVI.

Prohibition de vente des effets en litige.

Les effets en litige ne pourront être vendus ni déchargés avant le jugement définitif, sans une nécessité réelle et pressante, qui aura été constatée devant la cour de l'amirauté et moyennant une commission autorisée à cet effet.

Art. CLXVII.

Nationalité des navires.

Un vaisseau quelconque pour être regardé comme appartenant au pays dont il porte le pavillon, doit avoir à son bord le capitaine du vaisseau et la moitié de l'équipage des gens du pays, et les papiers et passeports en bonne et due forme.

Art. CLXVIII.

Vaisseau de guerre armé en territoire neutre.

Aucun vaisseau de guerre d'un état belligérant ne doit être armé dans le territoire neutre. Une prise faite par un tel navire doit être restituée en tout cas, en quel lieu qu'elle soit faite.

Art. CLXIX.

Impartialité des états neutres.

Les états neutres doivent être impartiaux entre les états belligérants; ils ne doivent leur donner aucune assistance et ne refuser à l'une des parties ce qu'ils accordent à l'autre. (Art. CLXI.)

Art. CLXX.

Inviolabilité du territoire neutre.

Le territoire neutre est inviolable et des hostilités n'y peuvent être exercées. En conséquence de l'article précédent un passage de soldats ou de vaisseaux de guerre à travers ce territoire doit être refusé à tous les belligérants ou à aucun d'eux.

Art. CLXXI.

Neutralité modifiée.

Il dépend de la volonté des belligérants s'ils veulent respecter une soi-disante neutralité modifiée par une alliance limitée et antérieure à la guerre avec une des parties belligérantes. (Art. CLXIX.)

Art. CLXXII.

Armistice.

En cas d'un armistice (Art. LXXIII) aucune des parties ne doit exécuter ce que la continuation des hostilités aurait empêché de faire.

Art. CLXXIII.

Capitulations etc.

Les capitulations pour la reddition des troupes et des forteresses, les passeports, les saufs conduits et les licences tombent sous la règle de l'article LXXIII.

Art. CLXXIV.

Traité de paix.

Le traité de paix fait droit formel entre les parties belligérantes, il finit toutes les hostilités.

Art. CLXXV.

Mode de son interprétation.

Les traités de paix doivent être interprétés d'après les mêmes règles que les autres traités. (Art. LXVI et suiv.)

SECONDE PARTIE.

DROIT INTERNATIONAL PRIVÉ.

Art. CLXXVI.

Quant à la justice civile et criminelle la réciprocité formelle sera la règle suprême du traitement des sujets étrangers, c.-à-d. il n'y aura pas de différence du traitement des régnicoles et des étrangers. Réciprocité formelle.

I. DROIT CIVIL.

Art. CLXXVII.

La loi civile de l'état dont l'individu est le sujet règle tout ce qui concerne l'état et la capacité de sa personne. Par des faits accidentels, p. e. par la naissance, on peut acquérir des droits de citoyen d'un état quelconque dans cet état, sans en être sujet. Statut personnel.

Art. CLXXVIII.

La femme mariée suit la condition de son mari, mais elle peut retenir les droits de citoyenne acquis par naissance s'ils ne sont pas en contradiction avec les lois de l'état auquel elle appartient. Statut de la femme mariée.

Art. CLXXIX.

Biens des mariés.

La loi de la patrie du mari au moment du mariage régit l'association conjugale quant aux biens, sans qu'elle peut être modifiée par suite d'un changement de la patrie.

Art. CLXXX.

Statut des enfants.

Chaque enfant est sujet de l'état auquel appartient son père s'il est né en légitime mariage, ou de l'état de sa mère si celle-ci n'est pas mariée, ou de l'état dans le territoire duquel il a été trouvé si son père et sa mère sont inconnus.

Art. CLXXXI.

Changement de nationalité.

Les enfants au dessous de 14 ans changent la nationalité avec leurs pères (ou avec leurs mères en cas d'illégitimité). Le changement de nationalité des parents n'a point d'influence sur la nationalité des enfants plus âgés, mais la peut bien avoir sur leur domicile.

Art. CLXXXII.

Droits généraux des étrangers.

Les sujets de chaque état peuvent acquérir et posséder des immeubles en dehors des limites de l'état qu'ils habitent, ils peuvent émigrer librement et transporter leur fortune d'un état dans un autre sans être pour cela soumis au droit de détraction ou d'émigration (Art. LXV); ils peuvent même prendre service civil ou militaire dans un état quelconque, mais ils demeurent aussi longtemps sujets de leur état respectif qui peut les rappeler en cas de besoin, qu'ils ne sont pas naturalisés dans l'état étranger, c.-à-d. que l'état étranger ne les a pas reconnus ses propres sujets.

Art. CLXXXIII.

Naturalisation des étrangers.

Aucun état ne naturalisera les sujets d'un autre état aussi longtemps que ceux-ci ne sont pas licenciés de la part du dernier. Ce licenciement ne sera jamais dénié si le sujet a rempli les devoirs civils et militaires envers son état.

Art. CLXXXIV.

Confession religieuse.

Les membres de toutes les confessions religieuses dont l'exercice est permis en trois états jouiront sans distinction des mêmes droits civils.

Art. CLXXXV.

Étrangers devant les tribunaux.

Devant les tribunaux les étrangers, qu'ils soient demandeurs ou défendeurs, ont les mêmes droits que les nationaux, aussi ne doivent-ils fournir caution qu'en cas où aussi le national y est obligé.

Art. CLXXXVI.

Les immeubles.

Les immeubles et leurs accessoires sont régis par la loi du lieu de leur situation. Cette loi décide aussi si certains objets sont meubles ou immeubles.

ART. CLXXXVII.

Suite.

Les actes et contrats qui ont pour objet l'acquisition d'un droit réel sur des immeubles sont également régis par la loi du lieu de la situation.

ART. CLXXXVIII.

Forum contractus.

Tous actes entre vifs ou à cause de mort seront en ce qui concerne leur validité quant à la forme appréciés selon la loi du lieu où ils ont été consentis.

ART. CLXXXIX.

Mariage.

Cette règle est en vigueur aussi quant à la validité civile d'un mariage, en ce qui concerne la forme.

ART. CXC.

Forme des actes pour l'acquisition d'un droit réel.

Pour l'acquisition d'un droit réel (tel que la propriété, la possession, une hypothèque ou une servitude) sur un immeuble par un acte passé en pays étranger il y faut encore ajouter les conditions prescrites pour l'acquisition d'un tel droit dans le pays où l'immeuble est situé. Jusqu'à tant on n'a acquis qu'un droit personnel.

ART. CXCI.

L'acte passé en étranger suivant les formes prescrites dans la patrie de celui qui l'a passé (ou des plusieurs qui l'ont passé s'ils sont compatriotes) est aussi formellement valable. Formes prescrites dans la patrie.

ART. CXCII.

La validité intrinsèque d'un acte passé en étranger se décide selon les Art. suivants si ni le statut personnel, ni le statut réel, ni une autonomie légale n'y viennent en considération. Validité intrinsèque.

ART. CXCIII.

Un engagement pris dans un état quelconque par un étranger et en vertu duquel il confère des droits à des tiers sans les obliger réciproquement envers lui sera jugé dans cet état soit d'après la loi de cet état soit d'après la loi de la patrie de l'étranger, suivant que l'une ou l'autre favorise le plus la validité de cet engagement. Suite.

ART. CXCIV.

La convention synallagmatique passée dans un état quelconque entre un citoyen et un étranger sera jugée dans cet état d'après ses propres lois, mais lorsque les deux contractants seront étrangers la convention synallagmatique ne sera jugée d'après ces lois qu'autant qu'il ne sera pas prouvé Suite.

que les parties en contractant avaient entendu se régler d'après une autre législation. Si les deux étrangers étaient compatriotes il sera même supposé qu'ils voulaient se régler selon leurs lois nationales, en cas que leur engagement n'est pas valide selon la loi du lieu du contrat, mais l'est bien selon la législation à laquelle ils étaient soumis en leur qualité de sujets.

Art. CXCV.

Suite.

Les conventions passées eu pays étranger, soit entre des étrangers, soit entre des étrangers et des sujets de l'état qui en doit juger, soit entre les derniers eux-mêmes, seront jugées d'après les lois du lieu du contrat à moins qu'il ne soit manifeste qu'une autre législation a servi de base à ce contrat et à moins que la présomption de l'art. précédent ne vienne en considération.

Art. CXCVI.

Quasi-contrats.

Les quasi-contrats sont régis par la loi du lieu où s'est passé le fait qui a donné naissance au quasi-contrat.

Art. CXCVII.

Prescription.

L'objection de prescription est jugée d'après la loi selon laquelle la convention ou le droit en question lui-même est jugé.

Art. CXCVIII.

La validité intrinsèque d'un testament ou de tout autre acte à cause de mort, ainsi que la succession ab intestat quant aux biens meubles, doit être appréciée d'après la loi du pays dont le défunt était sujet au moment du décès. Ce sont aussi les tribunaux de ce pays qui régleront toujours la succession mobilière. Actes à cause de mort.

Art. CXCIX.

Par exception des art. CXCII et suiv. la validité intrinsèque d'une lettre de change, même quant à la capacité des personnes, sera jugée selon la loi du lieu où elle a été créée ou tirée, et la validité de chacun des endossements qu'elle porte sera régie par la loi des lieux dans lesquels les endossements ont été signés alors même que la lettre de change n'est pas valide, pourvu seulement qu'il le soit selon les lois du lieu de l'endossement. Lettres de change.

Art. CC.

Aucun acte n'est valable ni quant à sa forme ni quant à sa substance s'il est contraire aux bonnes mœurs, ou au droit public, aux institutions et prohibitions existant dans le pays où il doit recevoir son exécution, si les contractants se sont obligés à des actes défendus dans leur patrie, par les lois ou par des réglements tels que les réglements de Actes invalables.

douanes, ou enfin s'ils ont eu l'intention d'éluder les lois de leur patrie.

Art. CCI.

Réimpression.

Ainsi faute de conventions spécielles sera aussi assurée aux auteurs, aux inventeurs et aux artistes la propriété exclusive de leurs ouvrages ou de leurs inventions contre toute multiplication injuste de la même manière et selon les mêmes lois que la propriété des auteurs, des inventeurs et des artistes régnicoles sera protégée.

Art. CCII.

Effets des actes.

L'effet des actes passés pour être exécutés dans un autre pays se règle par les lois de ce pays.

Art. CCIII.

Compétence des autorités et formalités de justice.

La compétence des autorités et les formalités de justice inclusivement des formalités probantes, des formules de serment et d'interrogatoire, des présomptions etc. sont régies par la loi du lieu où la demande est formée.

Art. CCIV.

Suite.

Les étrangers peuvent invoquer l'intervention des juges compétents de chaque état tant contre des régnicoles que contre d'autres étrangers en tout cas où le régnicole la peut invoquer, et devant les mêmes tribunaux.

ART. CCV.

Dans chaque état les étrangers y résidant, quand même ce ne serait que temporairement, peuvent être assignés devant le tribunal de leur résidence; mais aussi des étrangers absents, soit dans l'état soit hors de l'état, peuvent être assignés devant les tribunaux compétents en cas que le régnicole absent le peut être aussi. Tribunaux de résidence.

ART. CCVI.

Les délais de comparition seront calculés en proportion des distances. Delais.

ART. CCVII.

La litispendance en pays étranger est une défense admissible devant les tribunaux de chaque pays. Litispendance.

ART. CCVIII.

L'authenticité et la validité des actes publics ou des actes sous seing privé quant à la preuve littérale qu'ils font sont jugées selon la loi du lieu où ils ont été rédigés. Authenticité des actes publics et sous seing privé.

ART. CCIX.

L'admission et la capacité des témoins à l'exception de ceux qui se trouvent sous les actes mentionnés dans l'article ci-dessus se juge par chaque tribunal selon ses propres lois. Témoins.

Art. CCX.

Livres des commerçants.

La foi due aux livres des commerçants ainsi que la durée de cette foi est jugée selon la loi du lieu où ces livres ont été tenus.

Art. CCXI.

Lettres rogatoires.

En cas de besoin les tribunaux de chaque pays pourront s'adresser par des lettres rogatoires aux tribunaux étrangers et ceux-ci observeront en ces cas sur la demande des premiers aussi les formalités prescrites par les lois des lieux où siégent les tribunaux requérants. Si ces derniers ne l'ont pas demandé, la procédure du tribunal requis sera observée.

Art. CCXII.

Mesures conservatoires.

L'application et la forme des mesures conservatoires ou provisoires contre un débiteur étranger ou contre ses biens seront jugées d'après la loi du lieu où ces mesures sont exercées et n'auront lieu qu'en cas qu'elles peuvent être prises encore contre un régnicole.

Art. CCXIII.

Droits fiscaux.

Les droits fiscaux à lever à cause des actes ou jugements consentis ou rendus par les tribunaux d'un état quelconque sont régis par la loi de ces tribunaux. (Art. LXV.)

Art CCXIV.

Les droits fiscaux à lever à cause de transmissions entre vifs ou à cause de mort de biens meubles sont régis par la loi du lieu de transmission. Suite.

Art. CCXV.

S'il s'agit des immeubles la loi de la situation vient en considération. Suite.

Art. CCXVI.

Dans chaque état les actes publics, les documents, les arrêts et jugements rendus en matière contentieuse, soit par des arbitres étrangers, soit par les cours et tribunaux compétents des autres états, auront pleine foi et autorité et doivent recevoir leur exécution tant à la requête de la partie intéressée qu'en vertu d'une commission rogatoire en tout cas que l'exécution demandée à raison d'un tel acte serait accordée aussi par les tribunaux du pays où il a été rendu. Exécution.

Art. CCXVII.

La forme de la demande de l'exécuteur, tendant à obtenir l'ordre de l'exécution, les formalités qui doivent accompagner cette exécution, les différentes voies d'exécution à employer, seront réglées d'après les lois du lieu où se fait l'exécution. Formalité de l'exécution.

Art. CCXVIII.

Juridiction volontaire.

Tout acte de juridiction volontaire valable au lieu de sa rédaction le sera partout si les exceptions de l'art. CC n'y viennent en considération.

II. DROIT CRIMINEL.

Art. CCXIX.

Chaque état a le droit de punir et punira selon ses propres lois pénales: Compétence du droit criminel de l'état.

1) Les propres sujets pour tous les crimes commis ou en dedans ou en dehors de son territoire.

2) Les étrangers, à l'exception des personnes exterritoriales (Art. XC) pour tous les crimes commis dans son territoire.

3) Les étrangers qui ont commis en dehors de l'état le crime de haute trahison envers cet état ou envers une confédération internationale dont il est membre, ou les crimes énumérés sous le No. 5 de l'article CCXXV.

Art. CCXX.

Aucun état ne livrera ses propres nationaux en aucun cas, mais il les punira pour les crimes énoncés dans l'article CCXXV, et commis ailleurs, s'ils se réfugient dans son territoire. Extradition des nationaux.

Art. CCXXI.

Extradition des étrangers.

A cette exception près les gouvernements se livreront réciproquement sur la demande du gouvernement dont le criminel est sujet ou dans le territoire duquel le crime aura été commis, tous les réfugiés, poursuivis ou condamnés pour un des crimes énumérés dans l'article CCXXV.

Art. CCXXII.

Crimes mentionnés sous le No. 5 de l'art. CCXXV.

Pour les crimes mentionnés sous le No. 5 de l'article CCXXV l'extradition peut être réclamée par l'état contre les droits et contre les lois duquel le crime aura été commis, pourvu qu'il ne soit pas commis sur le territoire de l'état auquel l'extradition est demandée, ou que le criminel n'en soit pas sujet. Dans ces deux cas les états respectifs le puniront selon leurs propres lois.

Art. CCXXIII.

Extradition d'un criminel demandée par plusieurs gouvernements.

En cas que plusieurs gouvernements demandent l'extradition du même criminel, et qu'ils ne la demandent pas en même temps, c'est au premier réclamant qu'il faut le livrer; s'ils la demandent en même temps, c'est d'abord à l'état dont ce criminel est sujet, et alors à celui où le crime a été commis, qu'il doit être livré.

Art. CCXXIV.

La demande d'extradition doit toujours être faite par la voie diplomatique. Forme de la demande.

Art. CCXXV.

Les crimes à raison desquels l'extradition sera accordée sont les suivants: Crimes à raison desquels l'extradition a lieu.

1) Assassinat, empoisonnement; parricide, infanticide, avortement, meurtre; coups et blessures volontaires ayant occasionné soit la mort, soit une maladie ou incapacité de travail pendant plus de vingt jours; castration; association de malfaiteurs, menaces d'attentat contre les personnes ou les propriétés; extorsion de titres et de signatures, séquestration, ou arrestation ou détention illégale des personnes.

2) Viol; attentat à la pudeur consommé ou tenté avec violence; attentat à la pudeur consommé ou tenté, même sans violence, sur une personne, au sujet de laquelle, et en considération de son âge, un pareil attentat constituerait un crime.

3) Incendie.

4) Vol, fraude, escroquerie, concussion, corruption de fonctionnaires publics, soustraction ou détournement, fraude douanière.

5) Fabrication, introduction, émission de fausse monnaie, contrefaçon ou altération de papier-mon-

naie ou émission de papier-monnaie contrefait ou altéré; contrefaçon des poinçons servant à marquer les matières d'or et d'argent, contrefaçon des sceaux de l'état et des timbres nationaux (Art. CCIX. 3. Art. CCXXII).

6) Faux en écriture publique ou authentique et de commerce, y compris la contrefaçon d'effets publics de quelque nature qu'ils soient et de billets de banque; l'usage de ces faux titres.

7) Faux témoignage, subordination de témoins.

8) Soustractions et concussions commises par des dépositaires revêtus d'un caractère public des valeurs qu'ils avaient entre les mains, à raison de leurs fonctions; soustractions commises par des caissiers d'établissements publics ou de maisons de commerce.

9) Banqueroute frauduleuse.

10) Baraterie de patrons.

11) Désertion des soldats ou des matelots, si l'état par lequel l'extradition est demandée n'est pas en guerre avec l'état réclamant.

Art. CCXXVI.

Qualité de crime.

La question si une des actions surnommées est criminelle en soi-même, ou si les circonstances qui l'ont accompagnée lui donnent le caractère de crime est décidée selon les lois de l'état qui demande l'extradition.

Art. CCXXVII.

Objets saisis et servant à la preuve.

Tous les objets saisis en la possession d'un prévenu, lors de son arrestation, seront livrés au moment où s'effectuera l'extradition; et cette remise ne se bornera pas seulement aux objets volés, mais comprendra tous ceux qui pourraient servir à la preuve du crime, sauf leur renvoi gratuit aux propriétaires légitimes.

Art. CCXXVIII.

Retardement de l'extradition.

Si l'individu réclamé est poursuivi ou condamné pour un crime ou délit qu'il a commis dans le pays où il s'est réfugié, son extradition sera différée jusqu'à ce qu'il ait été jugé et qu'il ait subi sa peine. Dans le cas où il serait poursuivi ou détenu dans le même pays à raison d'obligations par lui contractées envers des particuliers, son extradition aura lieu néanmoins, sauf à la partie lésée à poursuivre ses droits devant l'autorité compétente.

Art. CCXXIX.

Conditions de l'extradition.

L'extradition ne sera accordée que sur la production soit d'un arrêt de condamnation, soit d'un mandat d'arrêt, décerné contre l'accusé et expédié dans les formes prescrites par la législation du gouvernement qui demande l'extradition, soit de tout autre acte ayant au moins la même force que ce mandat et indiquant également la nature et la gravité des faits poursuivis, ainsi que la pénalité applicable à ces faits. Les pièces seront accompagnées du signalement de l'individu réclamé.

Art. CCXXX.

Délits politiques et crimes non mentionnés dans l'art. CCXXV.

L'individu dont l'extradition aura été accodrée, ne peut, dans aucun cas, être poursuivi ou puni pour aucun délit politique, antérieur à l'extradition, ni pour aucun fait connexe à un semblable délit, ni pour aucun des crimes ou délits non prévus par ce code.

Art. CCXXXI.

Prescription.

L'extradition n'aura lieu si, depuis les faits imputés, les poursuites ou la condamnation, la prescription de l'action ou de la peine est acquise d'après les lois du pays dans lequel l'étranger se trouve.

Art. CCXXXII.

Frais.

Les frais d'arrestation, d'entretien et de transport de l'individu dont l'extradition aura été accordée restent à la charge de chaque état dans les limites de ses territoires respectifs. Cette règle est aussi appliquée quant aux frais de transport etc. par le territoire d'états intermédiaires. Au cas où le transport par mer serait jugé préférable, l'individu à livrer sera conduit au port que désignera l'agent diplomatique ou consulaire accrédité par le gouvernement réclamant aux frais duquel il sera embarqué.

Art. CCXXXIII.

Commissions rogatoires, témoins.

Lorsque, dans la poursuite d'une affaire pénale, un gouvernement jugera nécessaire l'audition de témoins domiciliés dans un autre état, une commission rogatoire sera envoyée à cet effet par la voie diplomatique et il y sera donné suite, en observant la loi du pays où les témoins seront invités à comparaître.

Aucun gouvernement n'a droit à une réclamation ayant pour objet la restitution des frais résultant de l'exécution de la commission rogatoire. Si dans une cause pénale la comparution personnelle d'un témoin est nécessaire, le gouvernement du pays auquel appartient le témoin l'engagera à se rendre à l'invitation qui lui sera faite, et, en cas de consentement, il lui sera accordé des frais de voyage et de séjour d'après les tarifs et réglements en vigueur dans les pays où l'audition devra avoir lieu.

Art. CCXXXIV.

Confrontation de criminels, pièces de conviction.

Lorsque, dans une cause pénale instruite dans un pays, la confrontation de criminels détenus dans un autre, où la production des pièces de conviction ou documents judiciaires sera jugée utile, la demande en sera faite par la voie diplomatique, et l'on y donnera suite, à moins que des considérations particulières ne s'y opposent et sous l'obligation de renvoyer les criminels et les pièces.

ART. CCXXXV.

Frais.

Quant aux frais résultant du transport et du renvoi de criminels à confronter et de l'envoi et de la restitution des pièces de conviction et documents la règle de l'article CCXXXIII est en vigueur.

ART. CCXXXVI.

Exécution.

Aucun état n'est obligé à faire exécuter des sentences en affaires criminelles rendues par un tribunal étranger.

TABLES DES MATIÈRES.

I. TABLE DES MATIÈRES

par ordre des articles.

Première Partie.

Droit international public.

I. En temps de paix.

II. En temps de guerre.

Seconde Partie.

Droit international privé.

II. Droit criminel.

II. TABLE DES MATIÈRES

par ordre alphabétique.

Dans cette table le chiffre indique le nombre de l'article.

A.

B.

C.

E.

F.

G.

H.

I.

J.

L.

N.

O.

P.

S.

T.

V.

E r r a t a.

Page 21, ligne 16, lisez *Et*, au lieu *de En*
» 39, » 4, » *accordée*, au lieu *de accorde*
» 65, » 3, » *maraudeurs*, au lieu *de marodeurs*
» 91, » 8, » *comparution*, au lieu *de comparition*

Imprimerie de F. A. Brockhaus à Leipzig.

F. A. BROCKHAUS, LIBRAIRE-ÉDITEUR, A LEIPZIG.

OUVRAGES DE DIPLOMATIE

DE DROIT INTERNATIONAL, ETC.

QUI SE TROUVENT CHEZ TOUS LES LIBRAIRES DE L'ALLEMAGNE ET DE L'ÉTRANGER.

Dictionnaire ou Manuel-Lexique

du diplomate et du consul.

Par

F. de Cussy.

In-12. 3 Thlr.

L'auteur a réuni dans cet ouvrage, sous forme *lexique*, non seulement les doctrines, les préceptes et les usages diplomatiques et consulaires consacrés par le langage du droit des gens, etc., mais encore, et pour répondre aux nécessités diverses de *fonctions* et de *position*, il a étendu sa nomenclature aux expressions empruntées à la jurisprudence civile et commerciale, à l'administration, aux coutumes locales, aux usages commerciaux, aux usages de la marine militaire et de la marine marchande; à ceux de la cour et de l'armée, aux tribunaux, aux chancelleries, à la bourse, à la banque, aux chambres législatives, à l'histoire enfin, qui a, dans certaines circonstances, adopté des dénominations particulières pour désigner une grande époque ou un fait remarquable.

Il en résulte que ce dictionnaire peut être considéré comme le meilleur *aide-mémoire* publié jusqu'à ce jour, pour les hommes d'Etat et les diplomates et agents consulaires en particulier.

Règlements consulaires

des principaux états maritimes de l'Europe et de l'Amérique; fonctions et attributions des consuls; prérogatives, immunités et caractère public des consuls envoyés. Recueil de documents officiels et observations concernant l'institution consulaire, les devoirs, les obligations, les droits et le rang diplomatique des consuls.

Par

F. de Cussy.

In-8. 2 Thlr. 8 Ngr.

Par la réunion, en un seul volume, des règlements consulaires en vigueur, promulgués par des états maritimes de l'Europe et de l'Amérique, cet ouvrage devient pour le corps consulaire des divers pays, une source d'enseignements réels.

Phases et Causes célèbres

du droit maritime des nations.

Par

F. de Cussy.

2 vol. In-8. 5 Thlr.

L'ouvrage a pour but, d'une part, d'indiquer les atteintes fréquentes qui ont été portées au droit maritime des nations par divers gouvernements; d'autre part, de reproduire des faits, en beaucoup plus grand nombre, qui ont été et resteront autant d'hommages rendus par d'autres gouvernements, aux principes conservateurs qui, depuis 1713, époque d'où date le droit maritime, ont trouvé des publicistes pour les défendre, et des hommes d'État pour les protéger. L'auteur en outre a exposé dans son ouvrage, non seulement l'état actuel de la législation maritime des nations, résultant des traités conclus entre les divers gouvernements depuis la paix de 1763, jusqu'à nos jours, ainsi que des règlements publiés par ces gouvernements: mais encore il a mis sous les yeux du lecteur, les doctrines avouées et adoptées par les grandes puissances et les états secondaires, en ce qui concerne la liberté des mers, le commerce des neutres, la franchise du pavillon, le blocus, la contrebande de guerre, la visite en mer, les convois, la piraterie, le cérémonial maritime, l'embargo, la traite des noirs, etc.

Précis historique

des événements politiques les plus remarquables qui se sont passés depuis 1814 à 1859.

Par

F. de Cussy.

In-8. 2 Thlr. 20 Ngr.

L'auteur, après avoir reproduit dans cet ouvrage les grandes scenes de la vie du corps social pendant les quarante-cinq dernières années, donne l'esquisse des révolutions qui ont agité plusieurs contrées du globe, et de celles, en particulier, qui ont nécessité la réunion de congrès. L'auteur fait connaître aussi les changements qu'a subi la carte politique tracée par les représentants des grandes puissances réuni en 1815, au congrès de Vienne, et fait passer successivement sous les yeux du lecteur les événements d'où sont sorties la fondation des nombreuses républiques dans l'Amérique méridionale, l'érection du Brésil en empire, la création d'un royaume belge, et celle d'un royaume hellénique, etc.

On trouve encore dans cet ouvrage des notions plus ou moins détaillées sur l'abolition de la traite des noirs, et sur celle de la course et de la piraterie des corsaires barbaresques, ainsi que sur le rachat des péages du Sund et des Belts, et sur les principes reconnus et proclamés comme immuables par les sept puissances signataires du traité de Paris en 1856, touchant l'immunité du pavillon neutre et la réstitution de la marchandise amie placée sous pavillon ennemi.

Le Guide diplomatique.

Précis des droits et des fonctions des agents diplomatiques et consulaires; suivi d'un traité des actes et offices divers qui sont du ressort de la diplomatie, accompagné de pièces et documents proposés comme exemples, et d'une bibliothèque diplomatique choisie.

Par

Ch. de Martens.

Quatrième édition,

entièrement refondue par l'auteur, avec la collaboration de F. DE WEGMANN.

2 vol. In-8. 4 Thlr. 16 Ngr.

Cet ouvrage, dont le titre indique suffisamment le but que l'auteur s'est proposé, est devenu, dès sa première publication, *le livre élémentaire de la science.*

Les quatre éditions originales (deux contrefaçons ont été publiées à Paris et à Bruxelles) qui en ont parues, attestent le succès que cet ouvrage a obtenu.

Causes célèbres du droit des gens.

Par

Ch. de Martens.

Deuxième édition.

Revue, corrigée et augmentée par l'auteur.

5 vol. In-8. 13 Thlr. 10 Ngr.

Cet ouvrage renferme une série d'événements et de faits, qui ont donné lieu entre divers gouvernements, à des contestations plus ou moins graves sur les principes du droit des gens moderne de l'Europe. Comme ces différends ont été suivis de négociations plus ou moins longues, l'auteur a eu soins de reproduire successivement dans l'exposé des faits, qui font l'objet de chacune des *causes*, le texte des notes et actes diplomatiques échangés entre les cabinets respectifs; il en résulte l'avantage, de faire connaître au lecteur non seulement la marche de ces négociations, mais encore de le mettre à même de juger de l'habilité avec laquelle elles ont été conduites.

En dehors des QUARANTE-HUIT CAUSES qui ont trouvé place dans les cinq volumes de cet ouvrage, l'auteur a ajouté encore, sous la désignation de «*causes diverses*», l'historique d'un grand nombre de faits qui, sans avoir été suivis de négociations proprement dites, n'ont pas moins donné naissance à des contestations sur les immunités et les priviléges des agents diplomatiques. — Une TABLE CHRONOLOGIQUE des *causes célèbres* renfermées dans les cinq volumes, se trouve placée à la fin du vol 5e.

Manuel pratique du Consulat.

Ouvrage consacré spécialement aux Consuls de Prusse et des autres états formant le Zollverein, ou l'association de douanes et de commerce allemand. Suivi d'un tableau des consulats qu'ont les états de cette union à l'étranger.

Par

F. A. de Mensch.

In-8. 1 Thlr. 15 Ngr.

L'usage pratique de cet ouvrage est suffisamment indiqué par son titre.

Recueil des traités et conventions

conclus par l'Autriche

avec les puissances étrangères, depuis 1763 jusqu'à nos jours.

Par

Léopold Neumann.

6 vol. In-8. 19 Thlr.

M. Neumann dans cet ouvrage a le premier réuni dans un seul corps, tous les traités et conventions conclus entre l'Autriche et les puissances étrangères depuis la paix de Hubertsbourg, en 1763, jusqu'à la paix de Paris du 30 Mars 1856. Toutes les pièces justificatives de l'histoire diplomatique de cette époque y sont recueillies et publiées dans le texte déclaré authentique ou original. Un triple registre qui se trouve à la fin du dernier volume, en facilite l'usage et met le lecteur à même de s'orienter dans cette masse d'actes publics conclus depuis un siècle.

Recueil manuel et pratique de traités,

conventions et autres actes diplomatiques,

sur lesquels sont établis les relations et les rapports existant aujourd'hui entre les divers états souverains du globe, depuis l'année 1760, jusqu'à l'époque actuelle.

Par

Charles de Martens et Ferdinand de Cussy.

7 vol. In-8. 21 Thlr.

Le grand *Recueil de traités de paix, d'alliances, de commerce* etc., formé par G. F. de Martens, à partir de 1760 jusqu'à nos jours, est parvenu au delà de 40 volumes, et son prix de librairie se monte à près de

500 francs. Cette collection (la seule de cette nature qui se continue) offre sans aucun doute de précieuses archives à la science du droit des gens et à l'histoire; mais dans la pratique des affaires elle est devenue d'un usage presque impossible: les *tables* nombreuses qui l'accompagnent, sont même impuissantes pour guider les recherches au milieu d'une si prodigieuse quantité d'actes de toute nature et de tout pays, dont non-seulement la classification n'a pu avoir lieu d'après un ordre chronologique régulier, mais dont le nombre s'est surtout accru depuis 1828, où l'on a fait entrer une foule innombrable d'actes, de mémoires et d'autres pièces, qui le font sortir tout à fait de la spécialité d'un *Recueil de traités et de conventions diplomatiques*. — Un remaniement de ce grand et important ouvrage était devenu nécessaire, et il était depuis long-temps généralement désiré. Deux auteurs déjà connus se sont chargés de la tâche difficile de faire du grand Recueil de l'illustre publiciste, un *livre usuel et pratique,* et qui réponde aux besoins actuels. Le *Recueil manuel et pratique,* dont ils ont écarté tous les documents qui n'ont plus qu'un intérêt historique, et qui se compose (à partir de 1760 jusqu'à l'année 1856 incluse) de sept volumes, est devenu aujourd'hui un livre indispensable pour les hommes d'État aussi bien que pour les diplomates et les agents politiques et consulaires de tous les pays.

Histoire du progrès du droit des gens

en Europe et en Amérique depuis la paix de Westphalie jusqu'à nos jours. Avec une introduction sur les progrès du droit des gens en Europe avant la paix de Westphalie.

Par

H. Wheaton.

Troisième édition.

2 vol. In-8. 4 Thlr.

Cet ouvrage est reconnu pour être un des plus remarquable qui ait été puplié sur cette matière.

Les trois éditions qui en ont parues constatent l'intérêt avec lequel le public l'a accuelli.

Eléments du droit international.

Par

H. Wheaton.

Troisième édition.

2 vol. In-8. 4 Thlr.

L'auteur a réuni dans cet ouvrage, destiné à l'usage des diplomates et des hommes d'État, l'ensemble des règles de conduite qui doivent être observées par les gouvernements en temps de paix et en temps de guerre. Une table des matières bien complète, et un index ajouté à la fin de l'ouvrage, en rendent l'usage très-commode.

LEIPZIG, IMPRIMERIE DE F. A. BROCKHAUS.

www.ingramcontent.com/pod-product-compliance
Ingram Content Group UK Ltd.
Pitfield, Milton Keynes, MK11 3LW, UK
UKHW021050260726
13994UKWH00002B/505